"LA MALINCHE"
¡LA GRAN CALUMNIADA!

La Malinche era casi una niña cuando fue entregada como esclava a los conquistadores y no obstante su corta edad desempeñó, gracias a su natural talento, un papel preponderante en la Conquista de México. Sus detractores la acusan de traidora. Nada más injusto: ella vivió privada de su libertad, dominada completamente por sus captores, sin voluntad para decidir o actuar. Cuando citada por los oidores estuvo a punto de revelar los crímenes de Cortés, misteriosamente fue apuñalada en sus habitaciones, presuntamente por su propio marido, el capitán Juan Jaramillo. He aquí un minucioso trabajo de investigación histórica que trata de hacer justicia a la joven y bella indígena.

www.edamex.com

MALINALLI TENEPAL

"LA MALINCHE"

¡LA GRAN CALUMNIADA!

LIENZO DE TLAXCALA

OTILIA MEZA

Título de la obra: "LA MALINCHE", ¡LA GRAN CALUMNIADA!

Portada: departamento artístico de EDAMEX.

Novena edición: 17 de mayo de 1999.

Colección: Arte e imaginación

Ficha Bibliográfica:

Meza, Otilia
"La malinche", ¡La gran calumniada!
232 pág. de 14 x 21 cm.

6. Biografías

ISBN-968-409-291-1

EDAMEX, Heriberto Frías 1104, Col. del Valle, México 03100.
Tels. 5559-8588. Fax: 5575-0555 y 5575-7035.

Para mandar un correo electrónico diríjase a la página de internet.

Internet: www.edamex.com

Impreso y hecho en México con papel reciclado.
Printed and made in Mexico with recycled paper.

Miembro No. 40 de la Cámara Nacional de la Industria Editorial Mexicana.

PREÁMBULO

En nuestra Historia existen figuras que por su clara trayectoria o por su heroica conducta llenan páginas gloriosas. También existen personajes que pasan a la Historia, por su crueldad, ambición o traición; estos son aborrecidos y despreciados por todos y en esta clasificación fatídica han situado injustamente a la Malinche.

Según se ha asegurado siempre, la Malinche fue una nefasta figura para México, pues contribuyó con su inteligencia a la destrucción de Tenochtitlan.

Quienes eso aseguran están en un error.

La Malinche es un personaje de cuyo origen no se tienen noticias ciertas; lo que pudiéramos llamar "su vida histórica" transcurrió a la sombra de Cortés; así empezó a darse a conocer. Descuella y se pierde en el olvido. Tal parece que los hombres de ayer y de hoy piensan en ella de la misma manera.

Se necesitará mucho tiempo para borrar de las mentes el odio acumulado por siglos contra esta mujer, considerándola nefasta por el erróneo concepto de que consumó terrible traición a sus dioses, a su raza y a su pueblo.

Para tratar de dar a conocer una nueva imagen de esta joven y bella mujer, en mi concepto se deben abordar dos aspectos: el de "barragana" y el de "traidora." Trataré de abordar estos dos temas lo mejor que me sea posible; y tal vez por ser mujer, pueda comprenderla mejor que todos los cronistas, historiadores y escritores que se han ocupado de ella.

El primer punto está relacionado con el sexo.

Empezaré por recordar que en estos tiempos aún rigen las leyes hechas por los hombres que aceptan "el indispensable sometimiento de la mujer" y el tradicional papel del varón a quien se le asigna "el ancho mundo" y a la mujer el "reducido espacio" sinónimo de esclavitud doméstica y sexual.

¿Cuántos varones aún en estos tiempos inflingen las peores brutalidades a la mujer, sin que ésta pueda substraerse a su violencia, convencida de que las leyes fueron hechas por los hombres, que la marcaron como un ser inferior, un objeto que puede utilizarse a capricho? Si esto sucede en la Era Espacial, hay que pensar en la mujer del siglo XVI; doblemente aherrojada por la fuerza masculina, denigrada y conscientemente sumergida en la ignorancia.

Si en nuestra época aún se tiene la idea de inferioridad natural de la mujer, hay que imaginar el pensamiento del hombre de aquellos tiempos sobre sus mujeres: siempre bajo tutela, sujeta al padre, al hermano, al esposo, a los hijos, cuñados y suegros, siempre viviendo sin pensamiento propio, sin existencia propia.

Es más, la venta de mujeres estaba establecida en Anáhuac en forma legal y Azcapotzalco era el centro de operaciones de la compra y venta de mujeres. Era allí, en movido "tianguis", donde remataban a las mujeres obtenidas como botín de guerra, o compradas a sus propios familiares, las que pasaban a ser esclavas o concubinas de los señores que las adquirían.

Bernal Díaz del Castillo cuenta un hecho curioso. Efectuada la conquista en México, sucedió que varios españoles robaron algunas jóvenes meshicas solteras y casadas. Los parientes de las raptadas, ofendidos por tal hecho, dirigieron sus quejas a Cortés quien empezaba a gobernar la Nueva España. El capitán español les oyó, ordenando a su gente entregaran a las jóvenes para ser devueltas a sus hogares. Así lo hicieron los soldados; sólo que antes de llevarlas ante Cortés, las amenazaron, por lo que reunidas frente a éste, al preguntar si querían regresar al lado de sus padres, todas ellas, asustadas, se negaron a ello, pretextando que no podían regresar al seno de sus familias, temerosas de las iras de sus padres y esposos; otras alegaron que vivían muy lejos, y solo tres de ellas, pidieron valientemente ser regresadas a sus hogares.

Tal hecho, frecuente en la Conquista, no tuviera nada de extraño, pero es el caso que esos soldados españoles no las retenían para que vivieran con ellos; sino que aprovechando las circunstancias de que las habían obligado por miedo a quedarse a su lado, las pusieron en venta, aceptando como comprador al que mejor pagara. Y Bernal Díaz del Castillo comentó lo malo de este acto, no por ser contrario a todo principio cristiano, ni menos por causarle lástima esas mujeres, sino según él, porque "la soldadesca se quedó sin dinero."

Con esto queda asentado que la mujer náhuatl en aquel tiempo no era libre de su cuerpo y menos de su pensamiento, luego ¿cómo puede pedírsele a una joven de escasos años (nacida en 1505 y fallecida en 1529) el disponer y discernir sobre su vida?

Malitzin no fue "barragana" como se afirma; fue víctima del pensamiento varonil de su tiempo, ya que los hombres la obligaron a la sexualidad, primero los de su pueblo y luego los invasores.

¿Acaso podía defenderse o negarse?

¿Cómo? Las mujeres de aquel tiempo, la mayoría, eran educadas para no ser nunca autosuficientes, su destino era recibir todo de los demás, pagando un alto precio por ello, pues la sociedad de aquellos tiempos (y aún de estos tiempos modernos) le daban el alto honor de la servidumbre. No se debe olvidar que a Malitzin la habían destinado para la servidumbre en todos sus aspectos.

¿Pudo Malitzin substraerse al contacto sexual con los diversos varones impuestos? En primer lugar tenía en su contra el concepto de los hombres de su propio pueblo y luego la lujuria de los invasores, lejos de sus esposas y mujeres. Además estaban en juego sus escasos años, en la incipiente adolescencia todo es confuso y no se tiene noción definida de la importancia del sexo. Y aunque la hubiera tenido, el hombre de aquel tiempo, –como muchos de éste– era dominante, y si en la época actual estamos muy lejos de alcanzar la igualdad de los sexos, en aquella época el hombre estaba hecho para mandar, la mujer para obedecer.

Malitzin no iba a ser la excepción: para aquellos hombres era un fruto demasiado apetitoso, y sucedió lo que tenía que suceder: sin voluntad propia se convirtió en "objeto sexual".

Lo aseverado por varios escritores en el sentido de que Malitzin vivía entre sus opresores por amor a Cortés, es un mito que debemos destruir. Cortés ni siquiera la menciona al relatar los episodios de la Conquista relatados epistolarmente a su emperador: su desprecio hacia Malitzin es tan profundo que se refiere a ella como "una india".

La retuvo a su lado por conveniencia, ya que el capitán español era egoísta y ambicioso, y sólo le movía la avaricia del oro. Si la aceptó junto a los suyos fue por su inestimable valor de "lengua" inteligente, muy útil a sus planes; pero jamás pensó en ella como "mujer."

En Veracruz, convencido de su competencia lingüística, la llevó a su lado como valiosísimo auxiliar, puesto que dominaba tres idiomas; pero nunca con intención de amarla. Se aseguraba que estaba tan celoso de ella, que le llegó a poner un soldado como centinela, el que no la dejaba sola ni aun en los menesteres fisiológicos diarios; pero no fue por amor, sino por temor de que diera a conocer su falsía y mala fe.

Quien habla de amor en la conquista, está en un error. Si Cortés, caído el Imperio de Tenochtitlán, allá en Coyoacan, la hizo su manceba, fue en un momento de desahogo fisiológico, máxime que el extremeño tenía fama de mujeriego y lujurioso.

Cortés deseó a la Malitzin; pero no por amor: el hombre busca a la prostituta en un momento de debilidad, impelido por las exigencias del sexo; mas eso no quiere decir que lo hace por amor. Así Cortés buscó a Malitzin en un momento de deseo, convirtiéndola en su manceba y engendrando un hijo resultado de un minuto de placer, pero en su marcha a las Hibueras, al paso por Orizaba, decidió deshacerse de ella y del hijo por nacer, casándola ante testigos con Juan Jaramillo, "estando borracho."

Todo esto nos obliga a asegurar que no hubo tal "amor" por Malitzin. Esta mujer tan discutida sólo fue instrumento de las bajas pasiones del conquistador.

Ahora abordemos el segundo punto:

Reconozco que se necesita mucho valor para buscar la verdad sobre Malitzin, ya que su figura esta empañada por la traición, y el destino de los seres señalados como traidores es doloroso y patético. Traidor, según el Diccionario, es la persona que traiciona, y traición es violación de la fidelidad, delito contra la patria. Traidores son aquellos que faltan a la lealtad, delatan, descubren, venden. Traiciones son los delitos cometidos contra la patria por los ciudadanos que prestan algún servicio al enemigo: por lo tanto, traición es sinónimo de alevosía y engaño.

A una mujer casi niña, sin experiencia, víctima de las circunstancias, arrancada de su suelo cuando apenas era una pequeña, pues los hombres de su pueblo la separaron de su hogar, regalándola a unos extraños cuando empezaba a vivir. ¿Cómo puede ser traidora, si estaba en calidad de "esclava" entre hombres distintos a los de su raza?

Si se pudiera descubrir con certeza que esta mujer, consciente del daño que iba a hacer a los suyos, ayudó a los invasores en sus aberraciones e injusticias, entonces sí sería justo señalarla con dedo de fuego como traidora. Pero por lo contrario, se ha comprobado que sólo era una esclava joven y bella que dominaba tres idiomas, y que su papel al lado de Cortés fue sin voluntad propia, traduciendo mensajes, transmitiendo órdenes, siempre vigilada, siempre sentenciada a muerte, siempre alejada de todos para evitar que traicionara a su "amo". Por lo tanto, cae por tierra la aseveración de que Malitzin fue traidora a sus dioses y a su pueblo.

Es falsa la figura que nos han pintado de ella, olvidando que sólo fue una víctima de su destino. Malitzin y Cortés: dos seres a quienes el amor nunca unió, tan distintos en edad, en raza, en religión y sin embargo, tan unidos en la Historia. El final de ambos fue trágico: el hombre altivo que se soñó rey "cayó en el abismo después de haberse empinado" y murió en España en el abandono; ella la hermosa joven de piel morena, para silenciar su boca que podía descubrir los inconfesables secretos de "su amo", su vida fue cegada por un puñal.

¡Así se cumplió en ambos la desventura de su destino!

Las exploraciones de Francisco Hernández de Córdoba habían causado asombro.

¿Qué insospechadas riquezas encerraban esas tierras de misterio? Y tras de Hernández de Córdoba siguió la expedición del Capitán General Juan de Grijalva, quien en 1518 comandó la Armada del Rey Católico con destino a Yucatán, partiendo de la Fernandina, Cuba. Los indígenas tuvieron contacto con las huestes de Hernández de Córdoba en 1517. Diego de Velázquez llegó a Cuba en 1511, siendo nombrado Gobernador en 1517, año en que se hizo a la vela Hernández de Córdoba, con una expedición a las Lucayas, pero empujado por los vientos, llegó a Yucatán, tocando Cabo Catoche e Isla Mujeres.

Los indígenas lo recibieron en paz diciéndole CONEZ TOCH —"venid a nuestra casa"— de donde derivó Cabo Catoche pero posteriormente los atacaron, haciéndoles regresar a sus barcos, no sin antes haber tomado a los indígenas dos prisioneros que bautizaron con los nombres de Julián y Melchor, el 15 de mayo de 1517.

Los españoles siguieron la costa, llegando hasta Can-Pech (Campeche), en donde les esperaba un gran escuadrón en actitud bélica, por lo que decidieron volver a sus barcos y retirarse.

Los indígenas sabían bien que eran hombres como ellos y no dioses como se dice, aunque distintos en color y lengua, pues en

Río de Lagartos los atacaron hiriendo a varios de ellos, y en Champotón, Hernández de Córdoba perdió mucha gente.

Llegaron a un hermoso puerto que llamaron Puerto Deseado "donde construyeron enramadas cercanas a unos pozos de rica agua, siendo el lugar deleitoso y con mucho pescado encontrando en estas tierras conejos, liebres y ciervos".

Pero muy a pesar de todo, tuvieron que seguir su camino, llegando a un gran río, al que más tarde pusieron por nombre Grijalva.

En Champotón llegó hasta ellos una canoa grande, y uno de sus ocupantes, por medio de un intérprete, les preguntó qué querían y ellos sólo tuvieron una respuesta:

–¡Oro!

Al día siguiente se presentó el cacique de esa comarca, quien subiendo a la nave vistió al capitán español "con un corcelete y unos brazaletes de oro, borceguiés hasta media pierna con adornos del mismo metal y en la cabeza le colocó una corona de oro, que la dicha corona era de hojas de oro muy sutiles". "El capitán en recíproco halago mandó a los suyos que así mismo vistieran al cacique con un jubón de terciopelo verde, calzas rosadas, un sayo, unas alpargatas y una gorra de terciopelo".

El señor de esas tierras descubrió entre los marinos a un joven indígena que él reconoció y que habían apresado los españoles, por lo que pidió al capitán Grijalva se lo devolviera, a lo que accedió el español ofreciendo el indígena por él, su peso en oro, pidiendo lo esperaran hasta el otro día, lo que no aceptó el capitán porque esa misma noche dejó aquellas maravillosas tierras, costeando el litoral hasta encontrar un río con dos bocas, presintiendo que en ese río habría mucho oro; pero también tuvo la sorpresa de descubrir en toda la costa que "había muchas humaredas", una tras otra, colocadas a manera de señales. Más adelante, descubrieron desde el bergantín un pueblo cuyos guerreros traían flechas y rodelas relucientes de oro y las mujeres lucían brazaletes, campañillas y collares de oro".

"Dejadas atrás estas tierras llegaron a una isla en que desembarcaron, descubriendo que era pequeña; pero con edificios de cal y arena muy grandes y uno con un arco antiguo como el que estaba en Mérida y otros edificios con cimientos a la altura de dos hombres, de pie ancho y muy largos; y otros edificios de hechura de torre redonda y encima un mármol como los de Castilla, sobre el cual estaba un animal a manera de león, hecho a sí mismo de mármol y tenía un agujero en la cabeza en que ponían los perfumes, y el dicho león tenía la lengua de fuera de la boca encontrando huellas de sacrificio por, lo que le llamaron Isla de Sacrificios. Y allí había un árbol de higuera y otro que llamaron zuaro que da frutos.
"Y cerca desenterraron dos jarras de alabastro, dignas de ser presentadas al emperador, llenas de piedras de muchas suertes.

Allí hallaron muchas frutas, todas comestibles, y al otro día vieron mucha gente en la tierra firme, y el general mandó al capitán Francisco de Montejo en una barca, para saber qué querían, y llegando hasta él le obsequiaron muchas mantas de colores de muchas maneras y muy hermosas y Francisco de Montejo al instante les preguntó si tenían oro, que les daría por el rescate, y ellos respondieron que se lo llevarían por la tarde, regresando los españoles a la nave."

"Al otro día aparecieron en la playa con algunas banderas blancas, y empezaron a llamar al capitán, el cual saltó a tierra con cierta gente, y los indios le trajeron muchas ramas verdes para que se sentaran bajo de ellas, y cuando él y sus compañeros lo hubieron hecho, diéronles al punto unos cañutos con ciertos perfumes semejantes al estoraque y al benjuí, y en seguida les dieron de comer mucho maíz molido, tortas y pasteles de gallina muy bien hechos. No tardaron en pedir oro y más oro al señor Ollinteutli, cacique de Oluta, que los españoles al instante llamaron Ovando, y al otro día volvió el señor de esas tierras con mucho oro fundido en barras, mas Grijalva, inconforme, pidió más, y al otro día le dieron una máscara de oro muy hermosa y una figura pequeña de hombre con una mascarilla de oro, y una corona de cuentas de oro, y otras joyas y piedras de diversos colores".

"Mas ni aún así quedaron satisfechos, por lo que pidieron oro de fundición, y Ollinteutli, señalando la sierra, explicó que en los ríos que nacían de ella, metiendo las manos en el agua sacaban arenas salpicadas de granos y los fundían en una cazuela, donde quiera que los hallaban, y para fundirlos les servían de fuelles, unos cañutos de caña, con los que encendían el fuego".

"Como allí se detuviera Grijalva y sus hombres por más de diez días, Ollinteutli le llevó de regalo al capitán un muchacho como de veinte años de edad, que no quiso recibir. Allí, a despecho del capitán que había prohibido cambiar muchas mercaderías, ocultamente se hacían trueques, en que los españoles obtenían oro y excelentes mantas. Mas a despecho de lo hermoso del lugar que la mayoría quería ensoñorearse de tal tierra, Grijalva dio orden de partir, por lo que se aprestaron a proveerse de agua y alimentos".

Ollinteutli, llamado por los españoles Ovando, mientras estaban los hombres ocupados en esos menesteres, extrañado de que viviesen en sus naves sin compañía de mujer, le hizo preguntas a Grijalva el por qué de ello, a lo que le contestaron "que las suyas estaban lejos."

No tardó la hora de la partida, en que los indígenas abrazaban a los que fueron para ellos, en tan corto tiempo, sus amigos, y no pocos de ellos se sintieron tristes. Ollinteutli, cacique de Olutla, en cambio preparaba al capitán una grata sorpresa.

El sabía que en Teipac-pueblo del mal-cerca del pueblo Molchiconáutla-siete aguas, centro de las piedras- provincia de Coatzacoalco-lugar habitado de la pirámide de la serpiente- moraba una noble princesa, hija del cacique de Xaltipan y fue en su busca para ofrecerla al capitán rubio que estaba tan solo. La doncella era de color claro como tenepal-como cal-derivado de temextle —cal—, que era fina, grácil, de ojos muy negros y profundos y suave cabellera.

Ricamente vestida, enjoyada, prendidas a su cabellera olorosas flores, fue conducida en andas hasta donde estaban las naves de Grijalva listas para zarpar, la que desde la barca descubrió la curiosa caravana. "Al lado de las andas enfloradas iba el cacique de Olutla, Ollinteuhtli, acompañado de todos sus altos jefes y guerreros, luciendo costosos atavíos, y rodeando las andas, gran cantidad de doncellas, todas hermosas y elegantemente vestidas, que iban a arrojando flores al paso de la comitiva y entonando cantos nupciales. Cuando llegó la comitiva hasta donde la playa terminaba, bajaron de las andas a la bellísima joven que en una barca fue llevada hasta el buque. Grijalva quedó sorprendido del lujo y donaire de la doncella, que "iba tan bien vestida que de brocado no podría estar más rica".

Y esa noche, cuando el navío dejaba estelas de espuma y en el cielo había más estrellas que perlas en la mar, el comandante Juan de Grijalva ordenó que la doncella Malinalli fuera bautizada. La bella joven "tenía escasos trece años y ya era una magnífica mujer de color claro, de humor alegre, que sabía usar las galas del traje: hupilli y cueyetl primorosamente adornados con grecas de distintos colores, que demarcaban su rostro joven, tocado de trenzas colocadas alrededor de la cabeza".

¿Quién bautizó a Malinalli-torcedura, nombre de un mes y del día de su nacimiento- Tenepal-derivado de Temextli, cal- quedando así torcedura de cal? Tal vez debido al color de su piel, más claro de lo común. Don Mariano Rojas asegura que Tenepal se deriva de tene, que quiere decir afilado, filoso, puntiagudo, cortante. En sentido figurado querría decir, persona de fácil palabra, persona que habla mucho y con animación; también puede ser derivado de la palabra tempalli-labio- de donde tenepal querría decir persona de labios gruesos, que en sentido figurado sería lo mismo que asentamos arriba: persona que habla mucho y con animación.

Y volvemos a la misma pregunta: ¿quién bautizó a Malinalli Tenepal? Entre los españoles era común que antes de amancebarse con una indígena para satisfacer su deseo, recurrían a la cristianización para que fuera menor su "pecado", y no podía ser de otra manera con Malinalli Tenepal; Grijalva tuvo que recurrir a un sacerdote para que bautizara a la linda jovencita, la que después del sacramento se llamaría Malina o Marina, al que más tarde se le agregaría el tzin reverencial, obtenido después de que ocupara un "lugar" escogido al lado del capitán Grijalva.

Ese sacerdote tuvo que ser el padre Juan Díaz, clérigo irregular, suspenso, excomulgado, "que se lavaba más las manos en sangre de los inocentes, que Pilatos con el agua en la muerte de Jesucristo", según el Padre Durán.

La nueva cristiana no tardó en caer en los brazos del capitán. El barco se iba alejando de la costa, dejando blancas estelas de espuma, el cielo estaba intensamente estrellado y la joven Malinalli, lejos de los suyos, lejos del rumor de sus bosques, y cuando su tristeza era más profunda ante el temor de un nuevo mañana, fue llevada al camarote de Grijalva, donde minutos después, unas manos ansiosas y fuertes, rasgaban su bordado huipilli, buscando las incipientes redondeces de mujer de escasos años, que a pesar de su corta edad era magnífica, cuyos ojos de obsidiana, azorados, aún no comprendían nada, por lo que sin una queja, sin una repulsa, sentía cómo era desgarrado su cuerpo, para después contemplar el rostro satisfecho de su primer "dueño", que la había obligado a darse íntegramente, ocasionando con ello que sus pupilas se llenaran de un extraño fulgor. ¡Era la luz de un nuevo despertar!

Esa noche, la joven mujer que solo hablaba el náhuatl y el maya, aunque desconocía la "lengua" de su "señor", por intuición fue maestra en el lenguaje del amor. Luego, aturdida, sin poder dormir en esa noche nupcial, oyendo en su insomnio cómo el mar gemía en la sombra y la iba alejando, alejando del suelo que la viera nacer, sintió frío, ¡mucho frío! ¿Qué le esperaba lejos de los suyos? ¿Qué habían dispuesto para ella sus dioses?

Y sin poder evitarlo, al fin mujer, las lágrimas rodaron por sus tersas mejillas.

Así llegó a Cuba, donde una esposa esperaba a Juan Grijalva, por lo que aún prendado de la bella Malinalli tuvo que cederla a don Alonso de Hernández Portocarrero, hombre noble, primo del conde de Medellín.

Malinalli con su femenina inteligencia, bien había comprendido que aunque aquellos hombres eran de otras tierras, no debía presentarse ante ellos atribulada o rencorosa, ni siquiera con el aire de reserva que correspondía a una mujer entregada al albedrío de hombres de otra raza; sino por el contrario, pronto se mostró abierta de espíritu, alegre y desenvuelta.

Lejos de la tierra que la viera nacer, en una isla tan diferente a su patria, establecida al lado de su nuevo "dueño", en un lugar de Cuba llamado Santiespíritu, pronto aprendió a la perfección la lengua de castilla.

Así llegó el día en que Cortés emprendería la aventura de la conquista de las tierras misteriosas e inmensas, sobre las que contaban cosas sorprendentes los exploradores Francisco Hernández de Córdoba y Juan de Grijalva.

Entre los que acompañaron a Cortés en la aventura de salir furtivamente de Cuba, iban don Alonso de Hernández Portocarrero, acompañado de la bella Malinalli.

Portocarrero vivía con Malitzin, cuando surgió una desaveniencia entre Diego Velázquez y Hernán Cortés, su secretario, que fue preso en la fortaleza de la ciudad; logró fugarse mas fue reaprehendido por el alguacial Juan Escudero, llevándole a una nave de donde también se fugó. Volvieron a aprehenderlo; pero como muchos rogacen por él, se le puso libre, obligándole a casarse con Catalina Xuárez, a quien había seducido.

Velázquez permitió más tarde que se avecindara en la Villa Santiago, en donde se hicieron compadres, no tardando en nombrarle capitán de la nueva expedición, dado que el arribo de Alvarado con un rico cargamento entusiasmó a Velázquez, animándole a preparar la expedición con mayor seriedad, para lo que solicitó permiso de los frailes jerónimos que gobernaban las cosas de Indias desde Santo Domingo, para mandar a España a un capitán con la parte de oro que le tocaba al rey, junto con halagadoras noticias, y llegada la respuesta, comenzó a armar la expedición definitiva.

Al efecto, recibió Cortés instrucciones fechadas el 31 de octubre de 1518. No tardó don Hernando en levantar bandera para la recluta; la que era de unos fuegos blancos y azules, con una cruz roja en medio y el siguiente lema: "Amici sequemur, et sí nos fidem habesus vere un hoc signo vicencemus", (Amigos, sigamos la cruz, y si nosotros verdaderamente tenemos fe, con este signo venceremos). Nunca se sabrá quien costeó la armada, aunque sí se sabe que Cortés gastó cuanto tenía; pero es de suponerse que fue Velázaquez quien aportó la mayor parte.

Bien sabido es que Cortés, enterado de que Velázquez se había arrepentido de su nombramiento, se dio a la fuga, dirigiendo la armada a Macaco, en donde estuvo ocho días reuniendo víveres; después se fue a Trinidad, donde alzó bandera, solicitando hombres para la expedición.

Allí se reunieron los soldados de Grijalva, los hermanos Alvarado y Cristóbal de Olid; y de Santiespíritu vinieron muchos con Alonso Hernández Portocarrero, el amante de Malinalli, por lo que se deduce que allí vivía. Además Gonzalo de Sandoval, Juan Velázquez de León, Rodrigo Rangel y los hermanos Jimena, a quienes Cortés recibió con salvas de artillería.

Aquí cabe hacer constar que Portocarrero pidió a Cortés permitiera llevar con él a Malitzin, y que Cortés accedió porque tenía especiales deferencias para tan gran señor, por ser primo del conde de Medellín.

Esto nos indica que don Alonso amaba profundamente a la joven y bella indígena; porque de no ser así, lo natural hubiera sido dejarla en la isla a su propia suerte, si solo hubiera constituido un capricho banal. La armada se dirigió después a Matanzas, Carenas y otros lugares. Por razones de seguridad se apresuró la partida para principios de 1519, llegando a la Villa de San Cristóbal de la Habana. Cortés envió un mensaje a su compadre con nuevas protestas de lealtad, avisándole que al otro día se haría a la vela.

En efecto, salió Pedro Alvarado en el "San Sebastián", dándole la orden a Ordaz que con su navío le esperara en Cabo San Antón, y Cortés salió de la Habana con nuevos barcos el 10 de febrero. Reunidos todos en San Antón, y recogidos cien hombres de la estancia de Velázquez, después de oír misa se hizo a la mar con rumbo a Yucatán, el 18 de febrero de 1519. La armada estaba compuesta de 11 navíos: el que comandaba Pedro de Alvarado había salido antes; el mayor de los otros diez lo ocupaba Cortés con la compañía, llevando por piloto principal a Antón de Alaminos. Los otros barcos iban a cargo de Ginés Nortes, Alonso Hernández Portocarrero, Alonso de Avila, Diego Ordaz, Francisco Montejo, Francisco de Saucedo, Juan de Escalante, Juan Velázquez de León y Cristóbal de Olid.

Pero capitán general era Cortés y maestre de campo Cristóbal de Olid. No se necesita investigar mucho para saber que Malinalli observaba todo, todo veía a pesar de sus escasos años.

Malitzin tuvo que convivir con esos hombres que sorpresivamente dejaban Cuba para ir en pos de fortuna, presenciando por ello sus actos buenos y malos, que en su sencillez y pureza de alma y sus escasos años, no llegó a comprender, por lo que acabó por ser indiferente a todo lo que la rodeaba.

Instalada en el pequeño navío que mandaba su amante, inteligente y curiosa todo lo observaba: los soldados, los ballesteros, los escopeteros, los marinos, maestres y pilotos, así como indios y negros destinados a carga y servicio, además de caballos y armas. Su incipiente juventud, la hizo pronto distinguir las armas españolas: lanzas, casquillos, cuerdas, pólvora, balas, espadas y escudos; escopetas y arcabuces.

Más tarde cuando bajaban a tierra con la caballería era para ella como un juego distinguir sin equivocarse las monturas de cada uno de los españoles. Bien conocía ella el caballo zaíno de Cortés; el caballo oscuro y magnífico de Olid; la yegua castaña, buena para el juego y la carrera, de Pedro de Alvarado; la yegua rucia de su señor; el tresabo castaño oscuro de Juan de Escalante; el alazán tostado de Francisco Montejo, y el famoso Arriero, que todos sabían que era magnífico, de Alonso de Avila.

En la yegua rucia llamada la Rabona, Juan Velázquez de León; en un magnífico castaño oscuro, Francisco de Morla; Lares, el gran jinete, en un castaño claro; Marín, en un overo labrado de las manos; Pedro González de Trujillo en un magnífico castaño; Gonzalo Domínguez en un castaño oscuro y gran corredor y Ortiz montaba una yegua rucia machorra. Para Malitzin fue un gran acontecimiento saber que la yegua de Sedena había parido en el navío, también sintió compasión por el pobre overo de Baena, que por no ser bueno, siempre era olvidado.

Otras veces, para matar el tedio de su soledad, se daba a observar a los seres de su raza, que siempre estaban callados y tristes y atentos a las órdenes de sus "amos"; no pocas veces sabiendo que entre esos hombres había caciques y hasta príncipes, dueños de palacios y tierras de servidumbre y riquezas, quedaba pensativa ¡Qué triste el destino de esos desdichados! Y la joven de hermosos ojos negros no tardó en descubrir la presencia de la muerte. Desde la cubierta del navío donde estaba, presenció el cruel enfrentamiento entre los españoles y los indígenas habitantes y dueños de esas tierras.

Cuando los navíos partieron de Cuba, iban bajo la protección de San Pedro, patrón especial de don Hernando. Creían que iban en busca de tierras deshabitadas que ellos poblarían pacíficamente.

La primera noche que pasaron en alta mar, Malitzin miraba subyugada el gran farol encendido en la capitana que iba marcando la ruta a seguir; de pronto se levantó un fuerte huracán y todo fue confusión; la luz guiadora desapareció y al instante cundió la alarma al comprobar que la nave mandada por Alvarado había desaparecido. Mucho se le buscó, mas al no encontrarla, Cortés ordenó se siguieran camino de Cozumel.

Cuando llegaron al punto señalado, encontraron a Alvarado que había llegado primero, y no fue poco el disgusto de Cortés por esa desobediencia, reprochándolo ácremente, y al saber que Alvarado traía encadenados a varios indígenas que había tomado prisioneros, indignado ordenó su libertad. Otra vez, por conversación que escuchara de su "señor" Portocarrero con el piloto Camacho, supo que Cortés había tenido noticias de que en esa tierra Yucatán vivían unos españoles, por lo que al instante mandó a Ordaz con dos bergantines con veinte ballesteros y escopeteros en su busca; pero como no volvieran en ocho días, pasó a tierra en donde Cortés destruyó un ídolo de un templo, colocando en su lugar la imagen de la Virgen, para luego mandar hacer la famosa Cruz de Cozumel delante de la cual dijo misa el clérigo Juan Díaz.

Poco después regresó Ordaz, informando que no había encontrado a los españoles, cosa que disgustó mucho a Cortés, por lo que el 5 de marzo se dirigió a la Isla de Mujeres, y al día siguiente que era Carnestolendas, bajaron a tierra y oyeron misa. Ese mismo día se embarcaron, mas poco después empezó a hacer mucha agua la nave de Escalante, por lo que fue necesario volver a tierra a repararla.

El primer día de cuaresma —13 de marzo— cuando se disponían a seguir la marcha, llegó en una canoa Jerónimo de Aguilar, ordenado de Evangelio, quien desde hacía tiempo vivía entre los mayas en unión de Gonzalo Guerrero, que se había casado con una princesa maya, teniendo varios hijos a quienes amaba tanto que no quiso separarse de ellos.

Aguilar contó que Gonzalo Guerrero andaba pintado como los mayas y vestido como ellos. Débese por tanto considerar que los hijos de Guerrero fueron el primer mestizaje, tal vez hubo otros hijos de las mujeres violadas; pero el primer mestizaje reconocido en Anáhuac, fue el de los descendientes de Guerrero.

La Armada española, pasó frente a Champotón y Laguna de Términos, y el 22 de mayo Malitzin contempló impávida la terrible lucha entre los hombres de las dos razas, diferentes en color e ideas, pero ambas dispuestas a luchar sin tregua ni descanso. El escribano Diego de Godoy, pidió por mandato de Cortés a los señores del pueblo maya que se dieran por vasallos del rey de España; contestaron los aludidos con grandes sonidos de tambores y caracoles, acudiendo muchas tahucup-canoas, llenas de valientes guerreros que arremetieron contra los bien equipados soldados españoles.

Fue tan valiente la defensa, que Cortés tuvo que brincar de su nave, metiéndose al agua donde perdió el calzado de un pie. Tal vez fue en esa cruel batalla cuando Malinalli presenció por primera vez la muerte cerca, muy cerca de ella, al ver cómo los suyos, próximos a la derrota, se alejaban peleando valientemente, sin volver la espalda. Vio sin sorprenderse caer heridos y muertos por igual a españoles e indígenas.

Y por primera vez pensó que los hombres de piel clara y los hombres de piel oscura estaban hechos del mismo barro. Al otro día, Cortés envió a buscar víveres, y los encargados de ese menester tuvieron que luchar bravamente para obtenerlos, regresando triunfadores, dejando tras sí muchos heridos y muertos en las tierras asaltadas.

Muchos fueron los prisioneros tomados por Cortés; entre ellos se encontraba Melchor, indígena fugado del campo español, que creían asimilado a las costumbres españolas, llegando a desempeñar el empleo de paje de Cortés a quien fingía gran cariño. Pero era mentira, ya que se pasó al lado de sus hermanos de raza, decepcionando terriblemente a Cortés y a sus hombres, ya que Melchor, engañando a sus "protectores", invitaba a los mayas a atacarlos, haciéndoles ver que eran solo unos hombres iguales a ellos, cuya única diferencia eran las armas que tenían.

Al saber Malinalli su captura, quiso verle. Tiempo atrás le había visto vestido a la usanza española y muy adicto a don Hernando, quien mucho lo estimaba. Mas al quedar frente a él, comprendió que Melchor en verdad nunca había querido a los españoles, que jamás había olvidado el suelo en que había nacido, y que aún estaban vivos en él, el amor a sus dioses y a su raza, por lo que volvió a ellos.

Así representan a Malintzin en el Códice Florentino, vestida a la usanza española. Obsérvese el gesto duro de Cortés, que se apoderó de ella y la mantuvo prácticamente en cautiverio hasta su muerte.

Antes de proseguir, mencionemos los diferentes lugares que se señalan como cuna de nuestra discutida y calumniada protagonista.

Manuel Orozco y Berra, en su libro *Historia Antigua y de la Conquista de México,* dice: "Detengámonos un poco a hablar de doña Marina. Oscura es la primera parte de su vida, y tanto que no se sabe con fijeza cual es el lugar de su nacimiento. Algunos Historiadores aseguran, que cuando Cortés, al preguntarle a Malinche quien era y de dónde, respondía: Que era de Xalisco, de un lugar de dicha Viluta, hija de ricos padres, parientes del señor de aquella tierra, que siendo muchacha le habían hurtado ciertos mercaderes, en tiempo de guerra, y traída a vender a la Feria de Xicalango, que es un gran pueblo de Coatzacoalco, no muy aparte de Tabasco, y allí vendida al señor Potoncha".

José Domingo Cortés, en el *Diccionario Biográfico Americano,* opina que Malitzin nació en Olutla, provincia de Coatzacoalco, en el año de 1505, fecha muy aproximada a la exacta.

F. Fernández de Castillejo, en su libro *El amor en la Conquista,* sostiene que Malitzin nació en Paynala y que su madre se llamó Cimatl, y que Paynala era un pequeño cacicazgo mexicano, feudatario importante de Coatzacoalcos.

Según el *Diccionario Histórico Biográfico de México,* se asienta que nació en Paimala en la región de Coatzacoalcos, hija de cacique tributario de México.

Cristóbal del Castillo, "indio de raza pura, noble y sabio", que escribió una obra en 1600 traducida más tarde por Francisco del Paso y Troncoso, escribe "que el llamado Cortés, traía por intérprete a una mujer natural de esta tierra, de su generación y linaje, cuyo nombre era Malitzin, la cual vivía y tenía su casa en el pueblo de Tetipac, de la provincia de Coatzacoalco, que estaba a la orilla del mar".

Don Francisco Xavier Clavijero anota: "Entre ellas había una doncella noble, hermosa, de mucho ingenio y gran espíritu, natural de Paina, pueblo de la provincia de Coatzacoalco" y en una nota agrega: "En una historia M.S. que se conserva en el colegio de San Pedro y San Pablo de jesuitas de México, se leía que doña Marina era natural de Huilotla, pueblo de Coatzacoalco.

Prescot indica: "Era nativa de Painalla, en la Provincia de Coatzacoalco, al confín del imperio mexicano".

Solís dice: "Marina, que así se llamaba después de cristiana, era hija de un cacique de Guazacualco, una de las provincias sujetas al rey de México. "Rivera Cambas escribe: "Entre las esclavas que fueron presentadas a Cortés en esa provincia --Tabasco--, se encontraba una joven noble y hermosa, y de grande ingenio, nacidas en un pueblo de Coatzacoalcos". El libro se llama *Historia de Jalapa.* Mi inolvidable amigo Dr. Gustavo A. Rodríguez, a quien por varios años me unió el interés mutuo por los temas prehispánicos, hace tiempo me facilitó las notas por él obtenidas sobre Malitzin, y hoy, en recuerdo de tan sabio maestro, transcribo.

"Orozco y Berra, después de estudiar muy diversas y valiosas opiniones, de diferentes autores escribe: "Perplejos como nos encontramos, nos decidimos igualmente por Bernal Díaz, confesando ser por intención, arrastrados por los pormenores auténticos suministrados por el soldado historiador. Correspondiente al antiguo señorío de Xalisco, no encontramos ningún pueblo llamado Huilotla, aunque esto pueda achacarse a que había desaparecido. En 1580 el Alcalde mayor Suero de Gangas Quiñones, nombraba los pueblos que caían dentro del territorio de su jurisdicción y entre ellos no encontramos a Huilotla ni a Painala, sin duda por haber desaparecido; pero hallamos conocidos a Acayuca y a Ocaltiba o Xaltiba, evidentemente Xaltiba. En 1831, Acayucan era cabecera del departamento de su nombre, cayendo dentro de su demarcación los pueblos de Olutla, una legua al E. de Acayucan. Ahora bien este Olutla, está mencionado en la lista de Gangas y Quiñones, en la forma de Olutla. También pudo cambiarse la o por u, por lo que podría resultar Ulutla, de donde resultaría Villuta de Gomora, y que Chimalpain corregiría transformándola en Huilotla."

Chimalpain en su *Historia* asegura: "Marina o Malitzin Tenepal, dijo que era de Jalerisco o Jallico, de un lugar dicho Huilotlan, que quiere decir, lugar de Tórtolas".

Gómora aseguraba que: "era natural del pueblo de Huilotlan de la provincia de Xalatzingo, hija de padres nobles, y nieta del señor de aquella provincia".

El Historiador Ixtlixóchitl también sitúa Huilotlan en Xalaltzingo.

Oviedo en cambio nos dice: "Más adelante, en otro pueblo que se dice Champoton, se tomó una india que se dice Marina, la cual era natural de la ciudad de México, ciertos mercaderes indios, habíanla llevado a aquella tierra, é aprendio muy bien é presto la lengua española".

Las Casas aseguraba: "Hallóse una india que después se llamó Marina, y los indios la llamaron Malinche, de las veinte que presentaron a Cortés en la provincia de Tabasco, que sabía la lengua mexicana porque había sido, según dice ella, hurtada en su tierra de Xalisco de esá parte de México, que es al poniente y vendida de mano a mano hasta Tabasco".

García Icazbalceta opinó: "se da a Marina por originaria de Xaltipan, en la provincia de Acayucab y aún se dice que a la falta de una elavación del terreno levantaron unos "túmulos de tierra, de unos cuarenta pies de altura y cien de diámetro en la base, construidos en honor de la Malinche, doña Marina, que era nativa de ese pueblo".

Bernal Díaz del Castillo en su *Historia Verdadera* escribió: "Doña Marina fue desde su niñez gran señora de pueblos y vasallos, y es de esa manera, que su padre y madre eran señores y caciques de un pueblo que se dice Paiñala, y tenía otros pueblos sujetos a él, obra de ocho leguas de la villa de Cuacalco —Coatzacoalco— y murió el padre quedando muy niña, y la madre se casó con otro cacique mancebo y hubieron un hijo que habían habido: acordaron entre el padre y la madre é de dalle el cargo después de sus días y porque en ello no hubiese estorbo, dieron de noche a la niña a unos indios de Xicalango, porque no fuese vista, y echaron fama que se había muerto, y en aquella razón murió una hija de una india esclava suya, y publicaron que era la heredera, por manera que los de Xicalango la dieron a los de Tabasco y los de Tabasco a Cortés, y conocí a su madre y a su hermano de madre, hijo de la vieja, que era un hombre y mandaba juntamente con la madre a su pueblo, porque el marido postrero de la vieja ya era fallecido; y después de vueltos cristianos, se llamó la vieja Marta y el hijo Lázaro, y esto lo sé muy bien porque en el año de milquinientos veinte y tres, después de conquistado México, y otras provincias y se había alzado Cristóbal de Olid en la Hibueras, fué Cortés allí y pasó por Guazacualco. Fuimos con él aquel viaje toda la mayor parte de los vecinos de aquella villa, como diré en su tiempo y lugar; y como Doña Marina en todas las guerras de la Nueva España y Tlaxcala y México fue tan excelente mujer y buena lengua, como adelante diré, a esta causa la traía siempre Cortés consigo. Y estando Cortés en la Villa de Guazacualco, envió a llamar a todos los caciques de aquella provincia para hacerles un parlamento acerca de la santa doctrina, y sobre su buen tratamiento, y entonces vino la madre de doña Marina y su hermano de madre, Lázaro, con otros caciques. Días había que me había dicho la doña Marina que era de aquella provincia y señora de vasallos, y bien lo sabía el capitán Cortés y Aguilar, la lengua. Por manera que vino la madre y su hijo, el hermano y se conocieron, que claramente era su hija, porque se le parecía mucho. Tuvieron miedo de ella, que creyeron que los enviaba a hallar para matarlos, y lloraban. Y como así los vió llorar la doña Marina, les consoló y dijo que no hubiesen miedo, que cuando la traspusieron con los de Xicalango que no supieron lo que hacían, y se los perdonaba, y les dió muchas joyas y ropa, y que se volviesen a su pueblo; y que Dios la había hecho mucha merced en quitarla de adorar ídolos ahora y ser cristiana, y tener un hijo de su amo y señor Cortés, y ser casada con un caballero como era su marido Juan Jaramillo; que aunque la hicieran cacica de todas cuantas provincias había en la Nueva España, no lo sería, que en más tenía servir a su marido y a Cortés que cuando en el mundo hay. Y todo esto que digo se lo oyó muy certificadamente".

Representación de la batalla de la Noche Triste en el Lienzo de Tlaxcala. Obsérvese a Malintzin a espaldas de los conquistadores, siempre sola, como una sombra.

Para Cortés, Aguilar constituyó un valioso hallazgo, pues fue el primer intérprete maya; llegó desnudo, cubierto solo con la braga, atados los cabellos atrás y con un arco y una flecha en la mano. Malitzin y Aguilar hablaban el mismo idioma, por lo que el español le contó a ésta que a pesar de que diariamente rezaba unas horas, había perdido la cuenta del tiempo.

El Jueves Santo, veintiuno de abril, la armada ancló en San Juan de Ulúa, dando fondeadero Alaminos, y la Capitana izó el estandarte real. Allí recibió Cortés a los enviados de Moctezuma Xocoyotzin —Moctezuma, el señor que se muestra enojado, Xocoyotzin, el más joven— que iban de Chalchihuecan —lugar de cosas preciosas, Costa de Veracruz— en dos canoas. Dejando las embarcaciones se dirigieron a ver a Cortés, que vestía sus mejores galas, sentado en trono que le aderezaron en el alcázar de proa. Allí recibió a la embajada, alojando a los huéspedes en el castillo de popa.

Tal vez Cortés no se hubiera fijado en la joven indígena si no fuera por un hecho que tuvo lugar en Chalchihuecan. Así sucedió: "Aquí vinieron indios de aquella tierra a hablar de nuestro español intérprete —Aguilar— quien no les entendió porque la lengua que hablaban los enviados de Moctezuma era diferente de a la del lugar donde él había estado. Aquella gente llevaba flores y presentes; pero su lenguaje era tan distinto al conocido hasta entonces que no se les pudo entender una sola palabra. Malinalli, acompañada de otras jóvenes, observaba atentamente la escena riéndose del apuro de los indígenas y los españoles: la mímica por ambas partes le causaba risa y más le hacía reír el desconcierto de Cortés. Cuando la comisión, tristemente apenada por no haber sido entendida, resolvió alejarse, al pasar uno de los emisarios cerca de Malinalli, éste le habló en idioma náhuatl, "descubriendo con ello de esa manera que sabía dos lenguas y nuestro intérprete español la entendiese" Cortés hasta entonces se había comunicado con los indígenas por medio de Jerónimo de Aguilar; porque éste y aquellos hablaban la lengua maya; pero una vez en territorio cempoalteca, los pueblos hablaban malca. Así el conquistador se encontró sin medios de entenderse con ellos, siendo ya inútil Aguilar como intérprete.

Más como si la fortuna se empeñase en romper cualquier obstáculo que pudiera detener en su camino al audaz capitán, sucedió que los soldados no tardaron en informarle que la india desenvuelta y alegre se comunicaba perfectamente con los indígenas de la región.

El capitán enterado del asunto, contempló a la joven amasia del primo del Conde de Medellín, quedando sorprendido de que conociera varios dialectos y el español, comprobando más tarde que era poseedora de una inteligencia clara, además de joven y hermosa, por lo que la tomó al instante como "lengua", no tardando por ese motivo en constituirse en la compañera inseparable de Cortés, cuyos servicios prontamente comenzaron a serle útiles.

Cortés, que hasta entonces no se había fijado en tan hermosos ojos indígenas de misterio insondable, comprendió al instante que siendo dueño absoluto de ella, encontraría una leal servidora y eficaz colaboradora.

Aquí cabe hacer constar que es mentira que Malinalli en Veracruz no hablara aún el español, pues duró un año en Cuba al lado de su amante español, y como dice Prescott "aprendió muy pronto el castellano, que era para ella el lenguaje del amor"; así que en Veracruz ya dominaba el maya, el náhuatl y el castellano.

El viernes 22 de abril, desembarcaron en las arenosas playas de Chalchihuecan y formaron su real, asentando la artillería en un lugar conveniente. Al día siguiente, sábado de gloria, pasaron el día rescatando objetos de oro y otras fruslerías, y el Domingo de Pascua, 24 de abril, llegó el tecuhtli de Cuextlatlán, llamado Teuhtlilli, con Cuitlalpitoc, el que ya había ido con Grijalva, según la crónica –y con ellos muchos principales y gran número de tamene– cargadores, portando ricos presentes. Después que Cortés recibió a Teuhtlilli y sus acompañantes, Olmedo dijo misa, ayudando el padre Díaz, y luego todos comieron en la tienda del primero.

Ese día empezó la odisea de Malitzin, ya que ella por fortuna o desgracia dio el primer mensaje de Cortés, quien por su boca les hizo saber "que es vasallo del rey más poderoso de la tierra, quien quería entablar buenas relaciones con el señor de estas tierras y comarcas y que por lo tanto desearía verle y hablarle".

Cortés recibió el rico presente que llevaban, el cual pagó con diamantes de vidrio, una silla pintada, una gorra con una medalla de San Jorge y otras miserias, y por boca de Malitzin pidió que mandase a pueblos que fuesen a trocar oro por las cuentas que traía.

Desde ese instante, como dice Orozco y Berra "Por un extraño capricho de la suerte, venía a ser árbitro de los destinos de las naciones invadidas. Pasaban por su boca los discursos de los embajadores, las quejas de los oprimidos, la sumisión de las ciudades, todo linaje de relaciones y noticias".

No tardó Cortés en envanecerse e inclinarse a la grandeza, por lo que aumentó su soberbia. Ya desde Cuba se había formado una servidumbre especial como si fuera un príncipe. No fue por tanto sorpresivo el que Cortés, para quitarse la autoridad de Velázquez, deseó romper el lazo que le unía con su compadre, aún a costa de la lealtad; así pensó en fundar una ciudad, con su Ayuntamiento, con lo que se establecía el dominio real, desapareciendo el del Gobernador de Cuba. Por lo que mandó a Montejo buscase un sitio a propósito, encontrándole al norte, como a unas ocho leguas, en un lugar llamado QUIAHUIZTLA, en tierra totonaca.

Se dio orden al ejército de marchar para ese punto, por lo que estalló el descontento; así se dividieron: unos estaban contentos con el cate hecho, otros no querían aventuras y mayores riesgos, y los más deseaban ser leales a Velázquez. Cortés fingió someterse, mandando pregonar el embarque y la vuelta a Cuba para el día siguiente; más aprovecharon la noche sus adeptos y al día siguiente, en vez de disponerse a embarcar, se encontraron con una fundada ciudad, en el mismo lugar del acampamiento; para lo cual se levantaron algunas enramadas por casa, una picota en la plaza y una horca fuera de ella.

Se eligieron alcaldes ordinarios a Portocarrero, a los dos Alvarados y a Sandoval, alguaciles Mayor a Juan de Escalante; Capitán de Entradas a Pedro de Alvarado; Maestre de Campo a Cristóbal de Olid; alferez Real a Corral; Procurador a Alvarez Chixo; Tesorero a Gonzalo Mejía; contador a Alonso de Avila; Alguaciles del Real a Ochoa y a Romero, y escribano a Diego de Godoy, poniéndole el nombre de Villa Rica de la Veracruz, en memoria de haber desembarcado el Viernes Santo.

Fue así como Malitzin llegaba a ocupar lugar predilecto, siendo como era la amante de uno de los primeros Alcaldes de la Villa de Veracruz. Pero poco tiempo después, sabiendo Cortés que se le desacreditaba en España, resolvió enviar a la Madre Patria a un Procurador que le defendiera de todos los cargos, y comprendiendo lo útil que le iba a ser Malitzin, decidió quitársela a Portocarrero, por lo que resueltamente le envió a España "como Procurador del Conquistador" con objeto de informar y defenderlo de las intrigas que contra él se empezaban a tramar en la Corte, quedando a su arbitrio la bella como joven india. ¿Le dolió a Malitzin la partida de su amante? ¡Quién lo sabe!

En la nave la Capitana, partieron los procuradores para España llevando como pilotos a Antón de Alaminos y a Camacho, zarpando el 16 de julio, después de que dijera misa el padre Olmedo, encomendándolos al Espíritu Santo.

El conquistador astutamente había conseguido lo que deseaba: Portocarrero iba a España a enfrentarse al enemigo más encarnizado de Cortés, el obispo de Burgos, confesor de la reina "a quien más le gustaba el oro que el sacerdocio", quien por una razón o por otra cobró a Cortés tan mala voluntad, que no solo ocultaba al Emperador y al Cardenal cuando favorecer podía el crédito del Conquistador, sino que llegó al grado de interceptar las cartas de éste, procurando impedir que para él salieran refuerzos de gente, provisiones, caballos, armas, víveres y cuanto de algún modo podía serle útil o necesario en sus lejanas y peligrosas expediciones.

Portocarrero, queriendo cumplir dignamente con lo ordenado, se enfrentó al obispo de Burgos, llegando hasta ofenderlo, el que ni tardo ni perezoso lo mandó aprehender, llegando más tarde a morir en prisión ¡El destino separaba a Malinalli del hombre que la amaba y al que jamás volvió a ver!

Ya sin dueño, a Malitzin, según Suárez Peralta, "muchos españoles la veían, muy contentos la dejaban unos y otros de venirla preguntando muchas cosas, por lo que Hernando Cortés ordenó que nadie le hablase". Y en verdad, Cortés la aisló de todos, al grado de ponerle centinela que no la dejase sola, ni cuando tenía que satisfacer sus necesidades diarias, y ese hombre se llamaba Juan Pérez de Arteaga, por cuya misión se le llamó Juan Malinche.

Malitzin extrañó a su amante, primo de condes; pero era tan joven, tan hermosa y tan alegre, que nada parecía importarle; siempre se le oía reír y charlar; pero todo cambió cuando Cortés la nombró su "lengua". Fue entonces cuando su carácter se modificó al grado de que jamás volvió a reír, desde ese tiempo nunca se le representó con una sonrisa, siempre seria, siempre callada.

Cabe indicar aquí que Cortés la aisló y la vigiló no por amor,

¡nada de eso!, tenía tantas mujeres para su placer, que Malinche no constituía atractivo para él; si la vigilaba era por conveniencia, pues necesitaba que con nadie hablara, que nadie pudiera obtener datos de sus maquinaciones turbias ni de sus felonías. Se asegura que Cortés llegó a ponerle un puñal en el pecho, amenazándola de muerte si lo traicionaba; pero no en el amor, sino dando a conocer sus perfidias y deslealtades.

Los tlaxcaltecas, derrotados por los españoles, llevan presentes a Cortés quien tiene a su diestra a Malintzin. Lienzo de Tlaxcala.

Por todo el Totonacapan –lugar de pájaros– corrió la noticia de que Cortés los libraba de pagar tributo a Moctezuma Xocoyotzin. Por lo que los indígenas de Tizapantzinco entraron en tierra de Cempoalla y allí el cacique, que apodaban "el gordo", invitó a pasar a Cortés a sus dominios en calidad de amigo, pidiéndole auxilio al conquistador, el que fue a dárselo, solo que astutamente Cortés llamó a Cempoala Nueva Sevilla o Villaviciosa, que según algunos historiadores era regida por Tlachcocecatl, pero según otros era jerarquía militar, mas nada hubo allí de importancia como no fuera que a Malitzin le causó risa la ambición desmedida de los españoles, al confundir el enyesado o encalado de las casas por plata.

Mas tan luego como el conquistador ayudó a su amigo el cacique, volvió a Veracruz y aquel día fondeaba una nave mandada por Francisco Salcedo que llevaba diez caballos mas en cambio traía la noticia de que Velázquez había sido nombrado Adelantado, con facultad de rescatar y poblar las tierras descubiertas.

El complot que estuvo a punto de tener éxito, convenció a Cortés de que era preciso llegar a Tenochtitlan –lugar de tunas agrestes– y quitar a sus soldados la esperanza de volver a Cuba. Ya antes sus amigos le habían aconsejado destruir las naves, por lo que marchó a Cenpoallan con todos los caballos y 200 peones, y mandó que allí se le reuniera la fuerza que andaba de expedición con Pedro de Alvarado.

Para entonces Cortés había perdido su caballo, adquiriendo el famoso "Arriero" del músico Domínguez. Para poder destruir las naves, hizo que los maestros le dieran un informe asegurando que las naves estaban en muy mal estado, por lo cual mandó al Alguacil Mayor Juan de Escalante, recogiese cables, anclas, velas y cuanto contenían las embarcaciones, con excepción de los bateles destinados a la pesca, y diose con ellas a través. Todas las naves fueron varadas y no quemadas como falsamente se asegura; menos la Capitana que con anterioridad había partido para España llevando a los Procuradores. De Cempoallan se dirigieron a Xalapa –sobre la arena–, el 27 de agosto de 1519, llegando a Castiblanco o Perote, pasando después a Tlaxcalla –lugar de tortillas.

Allí encontraron que era "una confederación de señoríos sujeta a la acción superior de cuatro señores que formaban el directorio". Bernal Díaz del Castillo describe en su *Historia* a Marina como el pilar fundamental en esos momentos decisivos de la Conquista. Solo que hay que pensar, los que la culpan de no ayudar a su pueblo, de que trasmitía todo mensaje, teniendo cerca de ella a otros hombres que sabían náhuatl y castellano, los que estaban pendientes de sus labios, así que no hubiera podido falsear los discursos, ni dar noticias de nada, solo lo ordenado, verazmente, pues la muerte la acechaba.

Malitzin era hermosa, de "ingenio entrometido" y de alma "varonil", aseguran los que la conocieron y hablan de ella, y además de inteligente era resuelta. Como aquí tratamos de hacer historia de la Conquista, sólo referiremos los hechos más sobresalientes en que Malitzin fue enlace. En Tlaxcalla la encontramos, según Bernal Díaz de Castillo: "Y en esos pueblos, se les dijo con Doña Marina y Gerónimo de Aguilar, nuestras lenguas, todas las cosas tocantes a nuestra santa fé, y como éramos vasallos del emperador Carlos, e que nos envió para que no hagan más sacrificios de hombres ni se roben unos a otros". "Y luego nos volvimos al Real que era cerca, y Cortés acordó soltar los prisioneros, y les dio permiso de comer, y doña Marina y Aguilar los halagaron y dieron cuentas y les dijeron que no fuesen más locos, que viniesen de paz, que nosotros los queremos ayudar y tener por hermanos".

Sólo que Cortés hizo cortar las manos a cincuenta infelices tlaxcaltecas a quienes supuso espías.

"Dejemos esto –proseguimos con Bernal Díaz del Castillo - y diganos como doña Marina, por ser mujer de la tierra qué esfuerzo tan varonil tenía, que con oír cada día que nos habían de matar, comer nuestras carnes, y habernos visto cercados en las batallas pasadas y que ahora todos estábamos heridos y dolientes, jamás vimos flaqueza en ella, sino muy mayor esfuerzo que de mujer. Y a los mensajeros que ahora enviamos, les habló doña Marina y Gerónimo de Aguilar, que vengan luego de paz, y que si no viniesen dentro de dos días, les iremos a matar, y destruir sus tierras, e irnos a buscarlos a su ciudad y con estas resueltas palabras fueron a la cabecera donde estaba Xicotencatl el viejo".

"Y Cortés les dijo con nuestra lengua –doña Marina y Aguilar siempre iban con nosotros a cualquier entrada que ibamos y aunque fuese de noche que vengan de paz, porque la guerra es mala para ellos. Y Cortés respondió con nuestra lengua, que ya les había enviado a decir que quiere paz y que no venía a dar guerra, y les venía a rogar y manifestar de parte de nuestro señor Jesucristo, que es él en quien creemos y adoramos, y el emperador don Carlos –cuyos vasallos somos– que no maten, ni sacrifiquen a ninguna persona como lo suelen hacer, y que todos nosotros somos hombres de hueso y carne como ellos, y no teules sino cristianos, y que no tenemos por costumbre matar a ninguno, que si matar quisiéramos, que todas las veces que nos diera gana de día y de noche, había en ellos hartos en que pudiéramos hacer crueldades y que por aquella comida qúe allí traen se lo agradece, y que no sean más locos de lo que han sido y que vengan de paz".

"Y los amigos que trajimos de Cempoala miraron y cayeron en ello, que no era cosa acostumbrada estar de día y noche nuestros enemigos en el real sin propósito ninguno, y que cierto sean espías, y tomaron de ellos más sospecha, porque cuando fuimos a lo del pueblo de Cipancingo, dijeron los viejos de aquel pueblo a los de Cempoala, que estaba apercibido Xicotenga con muchos guerreros para dar a nuestro real de noche, de manera que no fuesen sentidos, y los de Cempoala entonces tuvieron por burla, y cosas de fieros y por no sabello muy de cierto, no se le había dicho a Cortés y súpulo luego Marina y ella le dijo a Cortés".

"Y luego Cortés les habló con nuestra lengua con gravedad e hizo del enojo, e dijo, que puesto que había causas para no los oír, ni tener amistad con ellos; porque desde que entramos por su tiera les enviamos a demandar paces, y les envió a decir que los quería favorecer contra sus enemigos de México, y no lo quisieran creer, y querían matar a nuestros embajadores, y no contento con ello nos dieron tres veces y de noche y que tenían espías y hacechanzas sobre nosotros y en la guerra que nos daban les pudieron matar muchos de sus vasallos, y no quise, y los que murieron me pesa por ellos, y que tenía determinado de ir a donde los caciques viejos a darles guerra; que pues ahora vienen de paz de parte de aquella provincia, que él los recibe en nombre de nuestro rey y señor y les agradece el bastimento que traen; y les mandó que luego fuesen a sus señores a decirles vengan, o envién a tratar las paces con más certificación, y que si no vienen, iríamos a su pueblo a les dar guerra; y les mandó dar cuentas azules, para que diesen a los caciques en señal de paz y se les amonestó, que cuando viniesen a nuestro real fuese de día, y no de noche, porque los mataríamos".

Ahora hablaremos del motivo por qué a Cortés se le llamó también Malinche. Bernal Díaz del Castillo dice: "La causa de haberle puesto queste nombre, es que doña Marina nuestra lengüa estaba siempre en su compañía, especialmente cuando venían embajadores, e pláticas de caciques, y ella lo declaraba en la lengua mexicana, por esta causa le llamaban a Cortés el Capitán de Marina, y para más breve le llamaban Malinche, y también se le quedó este nombre a Juan Pérez de Arteaga, vecino de la Puebla, por causa que siempre andaba con Doña Marina y con Geronimo de Aguilar, desprendiendo la lengua, y a esta causa le llamaban Juan Pérez Malinche, que renombre de Arteaga de obra de dos años a esta parte lo sabemos".

En páginas anteriores ya se habló de este soldado; aunque se expuso que la verdadera causa porque nunca se separaba de Malitzin, era por orden de Cortés como su vigilante y no porque él voluntariamente quisiera hacerlo para aprender los idiomas, cosa que no cabe pensar en ello, ya que Cortés recelaba de todo y de todos por conveniencia propia. Además cabe recordar aquí, que si como se asegura Cortés estaba enamorado de Marina y era celoso en extremo con sus hombres, no iba a permitir que un soldado estuviera pegado a Marina.

Bernal Díaz sigue hablando del papel tan importante desempeñado por Marina: "Y Cortés y todos nosotros estábamos espantados de la gracia y amor como le decían y Cortés les respondía con Doña Marina, que así lo tiene creido, y que no ha menester rehenes sino ver sus buenas voluntades, y cuanto venir apercibidos que siempre lo tenían de costumbre, y que no lo tuviesen a mal; y por todos los ofrecimientos se les tenía en merced, y se los pagaría el tiempo andando; y pasadas estas pláticas, vienen otros principales con gran aparato de gallinas y pan de maíz, y tunas, y otras cosas de legumbres que había en la tierra. Y verdaderamente fueron muy bien declarados porque Doña Marina y Aguilar nuestras lenguas estaban tan expertos en ello que se le daba a entender muy bien y se les mostró una imagen de nuestra Señora, que se dice Santa María, que está en los cielos, y que es madre de Nuestro Señor, que es aquel niño Jesús que tiene en los brazos, y que le concibió por gracia del Espíritu Santo, quedando virgen antes del parto y después del parto; y a esta gran Señora ruega por nosotros a su Hijo precioso, que es nuestro Dios y Señor y les dijo otras muchas cosas que se convenían decir sobre nuestra fé; así quieren ser nuestros hermanos, y tener amistad verdadera con nosotros; y para que con mejor voluntad tomasemos aquellas sus hijas para tenellas, como dicen, por mujeres, que luego dejen sus malos ídolos, y crean y adoren a nuestro Señor Dios, que es el que nosotros queremos y adoramos, y verían cuán bien les irá, porque además de tener salud y buenos temporales, sus casas se les harán prósperas y cuando se mueran irán sus almas a los cielos a gozar de la gloria perdurable; que si hacen los sacrificios que suelen hacer a aquellos ídolos, que son diablos, les llevarían a los infiernos, donde para siempre jamás arderían en viva llama".

Cabe aquí pensar si Malitzin, la voz de Cortés, diciendo tales cosas, entendía lo que trasmitía a los indígenas o sólo era palabrería sin ningún sentido para ella. Tal vez ante la confusión de las dos religiones optó por no tener fé en nada, ni creer en nada. Los que la conocieron y trataron no nos hablan de su extremada religiosidad como pasó con Miahuaxochitl, la esposa de Cuauhtémoc e hija de Moct-ezuma Xocoyotzin, que ella sí acabó por renegar de la religión de sus mayores, convirtiéndose en una fanática de la nueva religión, llegando a tanto su fervor religioso que enseñaba catecismo a las niñas y jóvenes indígenas, no separándose de su mano la vara conque castigaba cruelmente a las alumnas poco aprovechadas.

De Malitzin nada se sabe, más bien factible creer que era indiferente a ambas religiones. Así como nunca cambió su indumentaria indígena por la de española, como Maihuaxochitl, que la usaba de color negro. En cambio Malitzin hasta en las últimas representaciones que hay de ella, se le ve luciendo el huipil y el cueyetl de sus ancestros, lo que nos hace pensar que amaba a su pueblo sinceramente, porque si no hubiere sentido admiración por las costumbres de su raza, nada le hubiera costado cambiar de indumentaria.

Ahora pasaremos a un episodio que tenemos que valorizar discretamente. Se trata del episodio tan difundido de la indígena cholulteca llamada Alabahaba, que ha pasado a la historia como una heroína. Son muchos los autores que se ocupan de este episodio, entre ellos L. W. Kleinhas, Raquel Escobedo y Alfredo Chavero entre otros muchos, por lo que sólo vamos a transcribir dos relatos. "Cuando los españoles llegaron a Cholula, causó gran asombro a los cholulanos la presencia de la célebre Marina al lado de Hernán Cortés; y como desde el primer momento abrigaban la intención de atacar a los extranjeros cuando estos reposasen descuidados en el alojamiento que les habían cedido para asegurar mejor la sorpresa, Alhabahba, inteligente india, de palabra elocuente y de gran penetración, que gozaba entre los suyos de una reputación de sabiduría que le hacía aparecer como doctora, fué comisionada para acercarse a la aliada de los españoles y arrancarle astutamente los secretos que pudieran hacer vulnerable al caudillo español".

"Llena de ardiente patriotismo, partió, cual otra Judith, para el campamento español, la noble heroína, y con pretexto de agasajar a Marina para manifestarle su simpatía, la invitó a que pasase a su casa. Allí en medio de los mayores halagos y de las mil afectuosas manifestaciones de amistad, se preparaba a interrogarle empleando la más exquisita sagacidad, cuando Marina, que desde su llegada a Cholula había recelado que se tendiese un lazo a Cortés, desplegando todo el refinamiento de su astucia, fingió que expansivamente depositaba sus penas en el seño de una compatriota, y comenzó a quejarse de su degradante esclavitud.

Alabahaba, admirada, le dijo que le había asegurado que profesaba gran afecto a los españoles, a lo cual replicó Marina que no era afecto, *sino miedo lo que le retenía entre ellos; que los odiaba porque le habían arrancado de su patria, de su hogar, de su familia;* que solo esperaba una ocasión propicia para saciar la sed de venganza que devoraba su alma, y que para ella era un inmenso consuelo poder abrir su corazón a una mujer en cuyos oyos estaba leyendo la piedad. La india, completamente engañada y llena de compasión hacia aquella hermosa y pérfida criatura, y creyendo además, que con su auxilio podía asegurar la salvación de su patria, le reveló que los cholulanos estaban dispuestos a morir antes de aceptar la esclavitud, y le ofreció que ella la libertaría, ocultándola en su casa mientras quedaban exterminados los invasores; pero temiendo que por haberla visto salir con ella, la ausencia repentina de Marina hiciese sospechar su paradero, la hizo regresar al campamento español, diciéndole que al día siguiente saliese sin que nadie la viera, y fuera a refugiarse allí.

Marina partió y Alabahba sintió cierta desconfianza al verla alejarse; pero cuando al día siguiente, a las primeras horas de la mañana, se le presentó aquella, haciéndole ardientes protestas de cariño y gratitud, todas sus dudas se desvanecieron convirtiéndose en júbilo, y aseguró Marina que el mismo emperador Moctezuma premiaría sus servicios, si ayudaba a destruir a los extranjeros. Marina le contestó que no eran otros sus deseos, y le dio varios detalles sobre los caballos y las armas de los españoles, en tanto que la incauta Alabahba le confiaba que un fuerte ejército enviado por el emperador había ido acercándose cautelosamente a Cholula; que los leutios, los augures y los caciques habían salido ya para ponerse al frente de él, y que al amanecer del día siguiente caerían sobre los extranjeros, matándolos a todos, excepto algunos que debían de llevar vivos a Moctezuma para que los conociera.

Marina aparentó gran alegría, y permaneció algunas horas al lado de la india; más habiendo avisado un espía que se notaba cierta agitación entre los españoles, manifestó temores de que fuese producida por su ausencia, y decidió presentarse para devolverles la confianza y esperar para que se entregaran al sueño para volver a reunirse con Alabahba en un lugar solitario donde ésta la esperaría para sustraerla al furor de los españoles, y de allí partirían para México, después del exterminio de aquellos.

Por supuesto que la espía de Hernán Cortés, lo puso al corriente de la conspiración y Albahba fue sorprendida en el sitio donde esperaba a la que debía entregarla a sus enemigos. Por medio de doña Marina fueron traídos los sacerdotes y la anciana solicitadora, confesando la verdad de la conspiración".

Lucas Alamán agrega: "La infeliz, interrogada por Cortés, se convenció de que ella, de que por su indiscreción, iba a ser la causa de la perdición de aquel pueblo que a costa de su vida había querido salvar. Al anochecer atacaron los chululanos el cuartel español. Sabido son y por lo mismo no lo repetimos los esfuerzos desesperados que aquellos infelices hicieron para vencer a sus invasores, y que en gran aprieto se vieron estos para conseguir lo contrario. Terminada la horrible carnicería en que perecieron seis mil meshicas y cholulanos, sin que uno solo pensara en rendirse, muriendo los últimos en las llamas del incendio que consumía sus adoratorios. Marina fue a poner en libertad a la desgraciada Alalhbaba; pero solo encontró su cadáver. La heroína no había podido resistir la desesperación y el profundo dolor de ver a su pueblo esclavo:

había escuchado desde su calabozo los lamentos de agonía de sus hermanos: adivinando el desastre y para no presenciar la victoria de sus enemigos, se había ahorcado formando una cuerda con su cendal.

"La agreste hija de un escondido rincón del mundo, manifestó en sus últimos momentos el mismo heroismo que Catón". Escribió L. W. Kleimhans.

A continuación se transcribe integramente el mismo hecho histórico, mencionado por Bernal Díaz del Castillo, Gómora, Torquemada, Nuño de Guzmán Herrera.

Era el 18 de octubre de 1519. "Cortés había sido bien recibido por los principales; pero su hostilidad se manifestó negando víveres a los invasores, por lo que Cortés mandó ir a su presencia a los principales para parlamentar, para luego encerrarlos en el Templo Mayor, cerrando las puertas poniente, norte y sur. Y poco después se desencadenaba la matanza en todo el pueblo. Los sacerdotes abrieron las bases del templo, esperando que había de brotar agua destruyendo al enemigo; pero los dioses no escucharon sus súplicas; así en ese día, murieron veinte mil cholultecas sin respeto a los sexos ni edades". En *México al Través de los Siglos,* pasa como historia verdadera el heroísmo de la indígena cholulteca, y como negra traición la de la Malinche, asegurando que "doña Marina dijo a Aguilar, que la vieja esposa de uno de los capitanes de la ciudad, dolida de su hermosura, y queriéndola casar con un hijo suyo, pues la veía rica propúsole abandonar a los blancos porque iban a ser destruidos; que ella había aparentado admitir el partido, a fin de informarse de la conjuración, y una vez logrado, pretextó recoger su hato para volverse al viejo lugar, y se había ido al alojamiento". Pero resulta que después de estudiar a fondo la situación que prevalecía entre Malitzin y Cortés, y a pesar de que Bernal Díaz del Castillo, Gómora, Torquemada, Muñoz Camargo, Herrera y Alamán tratan este tema presentando a Malitzin como una mujer sin escrúpulos que por amor a Cortés era capaz de todo, se acaba por pensar que no se debe de tomar este episodio como auténtico.

¿Fue en verdad traidora Malitzin?

¿Pudo actuar libremente?

¿Pudo recibir a Alabahba sin consentimiento de Cortés?

Malitzin era solo un robot manejado por Cortés. Siempre vigilada, siempre amenazada, ¿no sería que Cortés, enterado de la presencia de la cholulteca, ordenara a su esclava", darle confianza a la sabia mujer, y enterada de sus proyectos de ataque, obligar a Malitzin pedirle la esperara con el objeto de aprehenderla? Un hecho real que obliga a defender a Malitzin de esta calumnia es que ¿cómo pudo verse con Alabahba si estaba tan vigilada, si Juan Malinche jamás se separaba de ella? ¿Pudo ir esta mujer por voluntad propia, sin consentimiento de Cortés? Cabe aquí una aclaración. Andrés de Tapia y Suárez de Peralta aseguran que este episodio fue después de la derrota de la Noche Triste. Y es factible, ya que Cortés al llegar a Tlaxcalla, donde había hecho su cuartel general, tuvo la diabólica idea de alentar a sus aliados los tlaxcaltecas contra los cholulanos, aliados del señor de Tenochtitlan, efectuándose la matanza, sin atreverse a entrar al imperio de Moctezuma Xocoyotzin por miedo; pero al saber la llegada de Pánfilo de Narvaez, se decidió llegar al corazón del imperio, optando por la ruta más corta, la de los volcanes, encontrando en todo el camino las escaleras que usaban los meshicas, destruyéndose así el mito propagado por Cortés de que esas escaleras habían sido construidas para su comodidad. Seguida la ruta de los volcanes pudo llegar a Amecameca, Tlamanalco y por último a Texcoco.

Como se trata de relatar lo que es más importante en la vida de Malitzin, llegamos así a la entrada de Cortés a Tenochtitlán, el 8 de noviembre de 1519.

Durán dice:

"Moctezuma, como supiese la proximación del ejército español, salió con los reyes y grandes señores que con él estaban en Meshico, entre ellos Cacama —el elotito— llevado en lujosas andas, cubierto de ricas y preciosas mantas, por cuatro grandes señores, acompañándole los demás del reino con mucho aparato de rosas, con otros presentes y riquezas para presentar a los españoles.

Llegados a Tenochtitlan —lugar de tunas agrestes—, allí en el templo de Toco —nuestra abuela— esperaron a Cortés, y al presentarme éste, Moctezuma bajó de las andas, y se adelantó a su encuentro, cubriéndolo los cuatro señores con un palio riquísimo a maravilla, y la cola de plumas verdes, con grandes labores de oro, con mucha argentería y perlas y piedras chalchihuitl —esmeraldas, piedras verdes— que colgaban de unas como bordaduras, según refiere Bernal Díaz del Castillo.

"Al mirar Cortés a Moctezuma, se apeó de su caballo, y cuenta él mismo que queriendo abrazarlo, se lo impidieron los otros señores, pues le tenían como divinidad a la cual nadie podía tocar."

"Contentose entonces, con ponerle al cuello un gran collar de piedras de vidrio margaritas."

"Moctezuma en cambio le mandó dar dos de caracoles rojos, con ocho camarones de oro, cada uno largos como un jeme, y le puso en la mano un galano y curioso plumaje labrado a manera de rosa."

Confirman el lugar del encuentro Bernal Díaz y Sahagún. Durán asegura que en el templo de Toci tuvieron su conversación Moctezuma y Cortés, y que allí, los reyes de Tezcoco –en donde abunda el tezteztli– y Tlacopan –lugar de jarillas, Tacuba –y los demás grandes señores le ofrecieron collares y rosas.

Esto mismo aparece en el Lienzo de Tlaxcalla –abundancia de tortillas– pero el invasor asegura que hablaron después en el alojamiento.

¡Más cuán distinta fue la realidad! Todo esto es hermoso y emotivo; pero no es verdad.

La verdad es otra y muy cruel. Ese ocho de noviembre de 1519, Moctezuma, al saber que Cortés se acercaba a la ciudad por la calzada de Iztapalapa –en el agua salada– en la sala del trono del Palacio de Axayacatl –mosco acuático– sentado en su trono de oro, el tlatoani de Tenochtitlan estaba acompañado de la reina Teotlacho, hija del rey de Tlacopan, de su hija más querida, la tecuihepoch –princesa real– llamada Miahuaxóchitl –flor de maíz– nacida en 1510, demás esposas, hijos, guerreros, sacerdotes, sabios, nobles, todos regiamente vestidos.

Cuando Cortés, la Malinche y los capitanes entraron hasta donde estaba Moctezuma Xocoyotzin, el Tlatoani se hallaba de pie frente a su trono de oro. Augusto, sereno, miró al que llegaba investido del papel de "embajador de un gran señor que tenía sus extensos dominios más allá de las aguas del mar."

El encuentro fue inevitable. Allí estaba el hombre que llegaba sin escrúpulos, ambicioso, artero y cruel de condición, frente a un hombre, gran estadista, sabio y sacerdote, muy reverenciado por su pueblo. Los dos se miraron: uno sereno, majestuoso; el otro cruel, cuyos ojos de lince, más que fijarse en la cara del rey meshica, se clavaron en el rico atavío del gran señor: cactlis de oro, luciendo sobre su pecho dos hermosos collares de oro con preciosos camarones colgados.

Y sin más Cortés preguntó por voz de Malinche:

¿Acaso eres tú? ¿Eres tú acaso Moctezuma?

—Sí, yo soy —se oyó contestar con voz serena.

Y el capitán español dijo: (Sahagún)

—Decidle a Moctezuma que se consuele y huelgue y no hay mejor, que yo le quiero mucho y todos los que conmigo vienen, y nadie recibirá daño. Y sin esperar respuesta, lo cogió del puño, y a una orden suya, ante las miradas de terror e incredulidad de los allí reunidos, felonamente mandó aherrojar los pies del Tlatoani que lo había recibido en paz, ordenando clavarlos al piso, así como encadenar sus manos. (Representación del Código Florentino, libro XLL, cap. 21). (Lienzo de Tlaxcalla en cuya parte superior puede verse la representación de Moctezuma despojado de sus adornos de gobernante y encadenado de las manos).

Después, ante el silencio de los que presenciaban tal traición, Cortés arrancó con avaricia los collares del rey y todo su valiosa vestimenta.

¿Cuál fue la reacción de Malitzin al presenciar tal ultraje? ¿Acaso sus negros ojos se iluminaron al ver la majestad de su rey? ¿No temblaría su voz al hacer las preguntas ordenadas y trasmitidas las respuestas? ¿Quién lo sabe?

Otro dato bochornoso de nuestra Historia que le es atribuido a Malitzin es la Matanza del Templo Mayor. Moctezuma, vejado, humillado, encadenado, seguía en prisión en el palacio de su padre. Cortés había salido de Tenochtitlan con unos cuantos soldados a derrotar al "vanidoso" Pánfilo de Narváez, probando así que también sabía vencer a ejércitos españoles. Y muchas conjeturas se han hecho de si Malitzin quedó como "lengua" de Alvarado o marchó al lado de Cortés. También se han preguntado si tuvo injerencia directa en las falsas afirmaciones atribuidas a los desarmados guerreros en la fiesta religiosa ¿Quién había dado la versión del supuesto levantamiento de los inermes meshicas? ¡La Malinche! se asegura.

Mas la verdad fue que la Malinche había salido de Tenochtitlan acompañando a Cortés en su expedición guerrera. Histórica es la confesión que el Tonatiuh exigió a los nobles reunidos en el patio del templo para celebrar su fiesta al dios de los dioses TEZCATLIPOCA —espejo resplandeciente— "o dijeron lo que Alvarado quería, o porque también tenía una "lengua" que se decía Francisco, que decía lo mismo que quería dijese, que era de esta manera, que le decían: "Di Francisco, dicen que nos han de dar guerra de aquí a diez días," y que no respondía otra cosa: "sí, señor".

Además Niceto de Zamacois en su Historia General de México Tomo III, refiriéndose a la ayuda militar que después de la batalla recibió Cortés, de Chinautla, dice: "Cierto es que había llegado tarde; pero para el objeto que era demostrar a Narváez y sus soldados, los recursos que tenía en el país, se había presentado a tiempo. Por medio de Jerónimo de Aguilar y Marina, manifestó a los caciques lo que había pasado". Con esto queda descartada la presencia e intervención de Marina en la Matanza del Templo Mayor.

Trataremos ahora de los hechos de la Noche llamada indebidamente Triste. No se trata de hacer Historia sobre ese día en que fue sacrificado Moctezuma, no por efecto de una pedrada, como malévolamente se asegura, sino muerto infamantemente de garrote, y como si fuera poco, también de puñal, ya que manos asesinas españolas se ensañaron con él, antes de dejar el palacio de Axayacatl.

Bernal Díaz del Castillo, al referirse a Marina, que es lo que en este estudio nos interesa, escribe: "Siguió con ánimo varonil toda la campaña, después de la catástrofe de la Noche Triste, mientras todas las mujeres perecieron en aquella infamante jornada, y vio consumarse la destrucción y conquista de México". Y era natural que se le protegiera; porque era tan importante la "lengua" para

Cortés, que destinó esa noche gran número de soldados para que la custodiaran, colocándola en el centro del ejército, precisamente en donde iba él, y quizá a esto se debió su salvación, hecho que llenó de contento a Cortés y sus soldados, pues Bernal Díaz del Castillo nos dice:

"Olvidado me he de escribir, el contento que recibimos de ver viva a nuestra Marina. (Historia de la Conquista, Bernal Díaz del Castillo). Además Robertson escribió: "Entre esos desastres, fue consuelo para los españoles el que Aguilar y doña Marina, que les eran necesarios como intérpretes, hubiesen podido escapar a tantos peligros."

Y Bernal Díaz del Castillo asegura: "Ahora todos estamos heridos y dolientes, jamás vemos flaqueza en ella, sino muy mayor esfuerzo que de mujer." Y cómo no iba a ser así, si todo lo había perdido, si ya nada esperaba de la vida que le había marcado un sendero muy cruel; separada de los de su raza, navegando en dos aguas traicioneras, juguete de los deseos de los hombres, sin voluntad propia, sin apoyo de los de su raza, debe de haber sentido indiferencia para todo lo que le rodeaba ¿que no flaqueaba? ¿Para qué? Los sufrimientos de su vida de esclava no le permitían flaquezas. Ella debe de haber visto la derrota de los españoles esa noche, la desesperación de Cortés sintiéndose perdido, y jamás se llegará a saber si se alegró o se entristeció ¡Había visto tanto! ¡Sabía bien de la falsía de su dueño! ¡Tal vez presenciando el asesinato de su rey, llegó a estremecerse! ¿Cuál fue su reacción al presenciar la infamante muerte de Moctezuma? ¿Acaso le afectó la tragedia de esa noche? ¡Quién lo sabe!

Probablmente al presenciar toda la infamia de esa noche sintiera miedo y horror. Pero cuántas cosas reprobables se desarrollaron ante sus ojos, ya que Cortés no iba a ningún lado sin su compañía, y por desgracia la Malinche se llevó a la tumba el secreto de las últimas palabras del rey meshica, ante los insultos y la felonía de los extranjeros.

El papel de Malitzin en la trayectoria de Cortés, es trágica. Si a ella le tocó presenciar los sucesos más sobresalientes de la invasión desde su comienzo, imposible que no estuviera presente en el final de un Imperio. Así llegamos al 13 de agosto de 1521.

Cuauhtémoc deja Atzcoalco –tapón de agua, barrio de Tepito, Iglesia de la Conchita. El rey meshica rocoge sin palabras el poco oro que le queda, alguna ropa, y va a reunirse con los que le acompañarían. Junto a la laguneta estaban las barcas que pronto fueron ocupadas por el rey y sus acompañantes.

La comitiva tomó camino de Tlatelolco –lugar de montones de tierra– donde se negociaría la paz, según deseo de Cortés; mas cuando iban a mitad del camino, les salió García de Holguín, intimidando al rey meshica, a pesar de haber sido comisionado por el capitán de bergantines, Cristóbal de Olid, para que escoltara la barca del rey Cuauhtémoc, conduciéndola hasta donde lo esperaba Cortés, quien se había situado en la azotea del Palacio de Aztautzin, donde se había mandado colocar una silla y cubrir el suelo con mantas de colores, esperando bajo el baldoquín que usaba el padre Olmos para el Santísimo.

Cuando Cuauhtémoc llegó, se hallaba rodeado Cortés de Malitzin, Alvarado, Aguilar y Cristóbal de Olid. Cuando el señor de Tenochtitlan llegó ante ellos, dijo las palabras que Malitzin tradujo:

–Oh capitán; ya yo he hecho todo mi poder para defender el reino, y librarlo de vuestras manos; pues no ha sido mi fortuna favorable, quitadme la vida que será muy justo, y con esto acabará el reino meshica, pues ved a mi ciudad y a mis vasallos destruidos y muertos.

Cabe aquí hacer la aclaración de que no fue preso Cuauhtémoc cuando malévolamente se asegura que huía, sino encontrado camino de Tlatelolco, por el que había sido comisionado para escoltarlo hasta el lugar donde estaba Cortés.

Y proseguimos. Apenas había acabado de hablar el rey meshica, cuando Cortés, por boca de Malitzin, ansiosamente preguntó:

—¿Dónde está el oro?

—Yo no lo sé ¡Tú sabrás que lo llevaste! —serenamente contestó Cuauhtémoc.

Malitzin tuvo que ver con sus bellos ojos a aquel joven de 21 años, hermoso, gallardo, fuerte, como todos los de su raza y tal vez conmovida pensó en los suyos, tan lejos, tan borrados de su vida.

No sería difícil que sus oscuras pupilas se humedecieran al contemplar como el héroe y los valientes iban colgados de infamante viga, camino de Coyoacán.

Era el 13 de agosto dedicado a San Hipólito, patrón que más tarde fuera de la futura capital, mas en el calendario meshica, el signo cronológico se marcaba con un cráneo de MIZQUI ¡muerte!

De ese doloroso hecho ¿que sentiría esa mujer? ¿Acaso no tenía sentimientos? Mas hay que pensar que nada podía hacer ella, tan solo era una mujer joven, siempre vigilada, siempre amenazada de muerte. Silenciosa tuvo que seguir tras Cortés que iba a alojarse al palacio de Cuauhpopoca —árbol que brilla— palacio del hermano de Moctezuma, la que esplendorosa llegaba hasta el embarcadero.

¡Cuántas entrevistas tuvo que traducir de Cortés con el rey vencido, en que la pregunta obligada era: ¿dónde está el oro? ¡Cuántas y cuántas cosas supo la Malitzin que no trascendieron!

El rico imperio de Moctezuma había terminado.

Había caído por los hombres de un aventurero audaz e inteligente llamado Hernán Cortés.

La grandiosa Tenochtitlan había sucumbido ante crímenes repugnantes y la más lastimera destrucción.

¡La ciudad reina de la laguna había quedado desocupada! Por las tres calzadas salieron los que aún tenían vida, era una compacta columna de hombres, mujeres y niños, pálidos, demacrados, vacilantes, reflejado en sus rostros el terror.

Cuando la ciudad hubo quedado sola y silenciosa, Cortés con Malitzin a su lado, junto con algunos oficiales y soldados, entró a recorrerla. "Las calles estaban enteramente sembradas de cadáveres, la mayor parte de ellos en descomposición, despidiendo tales miasmas, que se necesitaba hacer gran esfuerzo para permanecer allí." Era tanta la desolación y destrucción de aquella ciudad, que meses antes era el emporio de la sabiduría y la belleza, que encogía el corazón de angustia.

"Los sitiados habían escarbado la tierra por todas partes, para sacar algunas raíces con que alimentarse. En medio de tanta desolación, todavía encontraron Cortés y los que lo acompañaban, muchos hombres, mujeres y niños, que no habían podido salir, enfermos y débiles, esperando la muerte en el abandono. Cortés ordenó inmediatamente a las tropas auxiliares que lo acompañaban y a muchos de los soldados meshicas, que enterraran los cadáveres y condujeran a los enfermos fuera de la ciudad, y ellos regresaron a Coyoacán en donde se habían refugiado, y muchos de ellos y el mismo Cortés regresaron enfermos."

Y esa noche Malitzin no pudo dormir.

¿Cómo iba a disfrutar de un apacible sueño, cuando había presenciado escenas terribles que acosaban su mente, escenas no imaginadas a pesar de estar acostumbrada a las terribles y sangrientas escenas de una guerra sin cuartel? No pudo dormir ni dormiría esa noche, recordando lo visto: "Casas destechadas de muros enrojecidos, los gusanos pululando por las calles y plazas, las aguas teñidas de rojo, los dardos rotos junto a los valientes guerreros yertos, los cabellos esparcidos y los adobes salpicados de sesos."

Aquello era espantoso. ¿Por qué los dioses de los meshicas habían permitido tal destrucción? ¿Dónde había quedado la belleza de esa ciudad que parecía de plata, surgida como por encantamiento de las aguas de una laguna azul? ¡Nada quedaba del esplendor maravilloso de un mundo de ensueño y gloria! ¡Nada!

Y la Malitzin, tan insensible a todo lo que le rodeaba, sintió tristeza de tanta destrucción, ya que ella era un ser de ese mundo llamado Anáhuac, en que anidaba el amor a todo lo bello y superior.

¡Tenochtitlan había muerto para siempre!

¡Tenochtitlan había sido asesinada por un hombre audaz, déspota y abyecto!

Al otro día de la visita a la ciudad muerta, Malitzin presenció el disgusto de Cortés, cuando "vio que el oro recogido no era en la cantidad que se esperaba". El botín alcanzado no satisfizo ni con mucho las esperanzas y deseos de Cortés.

Quizá porque la idea que se había formado de que el tesoro de Moctezuma era fabuloso, pues no podía ser de otra manera al observar el lujo de los habitantes de la gran Tenochtitlan, ya que todos sus adornos de guerreros, mujeres y civiles eran fastuosos, todos de oro y piedras preciosas. ¿Y el emperador? ¡Ningún rey de Europa podía rivalizar en riquezas con Moctezuma Xocoyotzin!

El había visto ese tesoro, aunque mucho de él lo habían robado sus soldados; pero mucho de ese oro había quedado en las acequias, el día de la huida; había quedado allí entre el cieno del agua, cuando los ambiciosos soldados, cargados hasta lo increíble ellos y sus cabalgaduras con todo el oro que pudieron coger como botín, cayeron de los puentes y su avaricia les causó la muerte.

Cuando dejaron derrotados la ciudad de Meshico, los meshicas se dieron a la tarea de recuperar parte del oro robado del tesoro de Moctezuma. ¿Pero ese oro dónde estaba? ¿Quién lo tenía? Su cerebro atormentado por la avaricia le hizo pensar que los meshicas lo habían ocultado después del sitio.

Y lo más triste fue que los conquistadores tuvieron por insignificante recompensa todo el oro y toda la plata que cayó en sus manos a la hora del triunfo, considerada muy pequeña cantidad, tan pequeña, que pasados algunos días y llevadas las pesquisas hasta el crimen, tocaron apenas, después de sacado el quinto del rey, cien pesos a cada soldado de caballería y cantidad menor a ballesteros y hombres de a pie. En verdad el riquísimo tesoro de Moctezuma recogido por ellos, no equivalía a lo que ello habían dejado la noche de su huida.

Cortés, ante el dilema que no podía resolver, recurrió a las pesquisas de los habitantes de Tlaltelolco y Tenochtitlan. Y ante el temor de las amenazas de Cortés, unos a otros se culpaban: los de Tlatelolco decían que los culpables eran los de Tenochtitlan que lo habían llevado por las calzadas, y los de Tenochtitlan aseguraban que ellos lo habían sacado por las canoas.

Cuando nada se puso en claro, alguien dijo a Cortés que el tesoro tan codiciado por todos los conquistadores, había sido arrojado a los canales y lagos. Entonces contrató buzos y nadadores para buscar las riquezas en el fondo de las aguas; pero lo recogido apenas cubrió los gastos de la empresa.

Después de ese fracaso, se dio en cavar "las sepulturas de los emperadores y señores nobles de la tierra; pero aunque se encontraron en esas tumbas bastante cantidad de joyas y objetos de oro, no fue suficiente". ¡Y el tesoro de Moctezuma no aparecía!

Aquellos aventureros, movidos por el interés de un rico botín, habían abandonado su patria y sus hogares, lanzándose a mares y tierras desconocidas, creyendo cada uno ser el héroe de mil combates, y ante el fracaso de no poseer el oro soñado, creyéndose traicionados y engañados, sintieron profundo disgusto al encontrarse al término de tan atrevida empresa, pues el éxito económico no correspondía a sus esperanzas.

Ellos no podían resignarse; el botín había sido ilusorio; no podían creer que tantas luchas y privaciones no hubieran tenido la recompensa de abundante oro y plata que les permitiera vivir espléndidamente por el resto de sus vidas, tan ricos y admirados como un sultán.

Mas la realidad era otra. La mayoría de esos hombres soñadores, terminada la conquista sangrienta, en la que muchos compañeros habían muerto en batalla o a manos de los guerreros meshicas, después de tantas privaciones y sacrificios, llegaban al final tan pobres, como cuando ilusos creyeron en el país del oro, donde éste era tan abundante que podían recogerlo en cantidad mayor. A esos hombres que se creían defraudados les dolía pensar que para sobrevivir tendrían que volver al campo o al taller, por lo que sin poderlo evitar sentían odio por el conquistador que los había convencido a seguirle.

El 16 de agosto, la ambición desmedida de Cortés le había mantenido en vela. En cuanto amaneció mandó llamar al terrible Julián de Alderete, el tesorero, quien después de una charla estuvo de acuerdo con Cortés en que había de dar tormento a Cuauhtémoc, tratando de arrancarle de esa manera el secreto del lugar donde escondía el oro, lo que no podrían descubrir de otro modo.

Aún no hacía su aparición el sol, cuando fueron por Cuauhtémoc y Tetlelanquetzaltzin, señor de Tlacopan —en las varas—, ambos aún encadenados al "pie de amigos", los que fueron llevados a la casa de Ahuitzotzin en Acatliyacapan.

Natural es pensar que Cortés mandó llamar a Malitzin, y que ésta se presentó inmediatamente, presenciando como el vencido señor, impasible, miró la hoguera, sin contraer ni un músculo de su rostro. Ella quedó junto a Cortés, Julián de Alderete, el doctor Cristóbal de Ojeda, varios soldados y frailes.

A Malitzin debió llenársele los ojos de dolor, al mirar cómo sujetaban fuertemente las manos y los pies del emperador y del rey de Tlacopan, amarrándolas como a los animales, sujetas las cuatro extremidades, para cargarlos fácilmente o para sacrificarlos. Tuvo que ver impresionada como les ungían pies y manos con aceite, frente a la hoguera, a la que fueron después aproximados.

—¿Dónde está el tesoro de Moctezuma?

Los dos hombres apretaron los labios.

—¿Dónde está el tesoro de Moctezuma?

El silencio se hizo más profundo.

Varios hombres, a una orden de Alderete, echaron más aceite en las carnes tostadas y más leña a la hoguera.

—¿Dónde está el tesoro de Moctezuma?

Un olor a carne asada invadió el aposento.

En un momento el señor de Tlacopan, no pudiendo ya contenerse, lanzó un débil gemido, volviendo el rostro a su soberano.

Y la respuesta no se hizo esperar:

—Hombre de poco corazón. ¿Estoy acaso en un baño o deleite?

Alderete se disponía a renovar el aceite y la leña, cuando el señor de Tlacopan colgó la cabeza y los sueltos cabellos ardieron. El suplicio terminó; pero las manos y los pies de los atormentados estaban negros; eran monstruosa masa, de donde se asomaban los calcinados huesos.

Cortés había sido obligado a casarse con una prima de Diego Velázquez, Gobernador de Cuba. La dama seducida se llamaba Catalina Xuárez la que quedó en Cuba mientras Cortés se dirigía a la conquista del Anáhuac. Pero el tiempo había pasado y cuando llegaron a Cuba noticias de las hazañas de Cortés, Catalina Xuárez, enterada del éxito de su esposo, se aprestó a reunirse con él en la flamante Nueva España, por lo que abordando un navío hizo la travesía con su hermano Juan Xuárez y muchas señoras, mujeres y parientes de los invasores, llegando a Villa del Espíritu Santo, donde Gonzalo de Sandoval, con principales vecinos, salió al encuentro de las damas que fueron allí obsequiadas y luego, en unión del capitán Briones, de Francisco de Lugo y algunos otros caballeros, las acompañaron hasta México.

Mas en el mismo navío llegó Juan Bono de Quexo, muy conocido de los soldados de Cortés, "que era vizcaíno, hombre de mar, amigo de aventuras, avezado en engaños y maldades, de mala fe en sus tratos y de peores antecedentes en su vida como marino".

Bono venía con malas intenciones hacía Cortés, pues quería que Cristóbal de Tapia se apoderase de la gobernación del reino, aconsejado por el obispo de Burgos, Juan Rodríguez de Fonseca.

Mas cuando se le informó que dicho Cristóbal de Tapia hacía mucho que había partido para Puerto Domingo, pensó sacar provecho, y medró por otro camino, por lo que se dirigió a Coyoacán para hablar con Cortés, a quien descaradamente, a pesar de haber hecho el viaje con Catalina Xuárez la esposa, le ofreció en matrimonio a Petronila de Fonseca, prima del acérrimo enemigo de Cortés.

Por tal ofrecimiento obtuvo todos los gastos del viaje, algunas granjerías, por lo que no salió disgustado de su visita a Cortés, sino que su nombre ya no figuró más entre los de los encarnizados enemigos del capitán, como figuraban Pánfilo de Narváez y Cristóbal de Tapia. Poco tiempo después salió Cortés a recibir a su mujer con grandes muestras de placer, llevándola a vivir a su palacio de Coyoacan.

Todo el año de 1522 vivieron en paz doña Catalina y Hernán Cortés; pero una noche, 1 de noviembre de 1523, los esposos daban una gran fiesta, en la que se cantó y bailó, ofreciendo después una suculenta cena, y terminado el jolgorio tranquilamente se recogieran en sus habitaciones los esposos.

Ana Rodríguez, la camarera, desnudó a su señora, dejándola tranquila y recogida en su cama, retirándose ella a su aposento. "Una hora después, todas las gentes de palacio estaban en gran movimiento y confusión." Hernán Cortés había llamado a la camarera y a la servidumbre, y daba señales de grandísimo dolor porque había muerto doña Catalina.

Pero Ana Rodríguez, Elvira Hernández, Antonia Hernández, Violeta Rodríguez, María Vera y María Hernández "vieron que Cortés había ahorcado a su mujer, pues doña Catalina tenía en el cuello "unos cardenales", y le vieron manchas de sangre en la frente, reventadas las soguillas de perlas que doña Catalina traía al cuello; por lo que Cortés precipitadamente metió el cadáver en el ataúd, como si tratara de impedir que lo examinaran para saber el género de muerte que había tenido.

Días antes de este suceso, Juan Bono de Quexo había dicho a Cortés:

– ¡Ah, Capitán! Si no fuerais casado, casaras con la sobrina del obispo de Burgos!

La muerte de la esposa de Cortés no podía atribuirse a una enfermedad de fácil y peligroso contagio, tampoco se podía atribuir su precipitación para enterrarla a la inminente descomposición del cadáver. La prisa por amortajarlo y encerrarlo en el atúd no tenía explicación.

Pero Cortés hablaba del gran cariño que le tenía, asegurando que ella padecía del corazón, y que con frecuencia quedaba gran rato amortecina, "que la noche que falleció, la dama dormía en una cama inmediata a la suya y cerca muchas camareras y criadas."

¿Pero acaso no sería factible que hubiese surgido un disgusto a causa de los celos de Catalina por los caprichos sexuales de Cortés por Malitzin? Necesario es hablar aquí un poco de la condición moral y de la vida sexual del capitán extremeño.

Bernal Díaz del Castillo nos dice: "Oí decir que cuando mancebo, en la Isla Española fue algo travieso sobre mujeres, en que se acuchilló algunas veces con hombres esforzados e diestros, e siempre salió con victoria, he tenía una señal de cuchillada de cerca de un hezo(labio) de abajo, que se miraban bien en ello, se le parecía más cubriéndoselo con las barbas (prietas y ralas) la cual señal le dieron andando en esas cuestiones".

Y prosigue: "El Garabatito era enemigo de Cortés, porque siendo ambos muchachos, en la Isla de Santo Domingo, "le había acuchillado sobre amores de una mujer."

Y el capellán de Cortés, Francisco López de Gómora asegura: "Fue atravieso cuando muchacho, muy dado a mujeres, celoso en su casa y atrevido en las ajenas, condición de "puñatero", llevando siempre vida desenfrenada y licenciosa."

Cortés, desde sus mocedades, tenía fama de mujeriego, y en Cuba estuvo a punto de ser muerto a palos, y en San Lucas de Barremeda se hirió al caer de una barda tratando de escalarla en busca de una mujer casada, y allá en Cuba se peleó fieramente con Antonio Serrano de Cardona, por una india.

Fácil es por tanto pensar en la vida sexual que llevaría Cortés en esas tierras donde su palabra era Ley. ¡Cuántas indígenas violadas! A Cortés nada le importaba que fueran hijas de reyes o hijas de macehuales.

Para su enfermiza naturaleza todas eran apetitosas.

Cortés y Malitzin nunca se amaron. La indígena al lado de Cortés sólo era la "lengua", la mujer indispensable para entender a todos, para traducir con verdad, puesto que pesaba sobre ella la constante amenaza de muerte. ¡Pobre de ella si llegaba a traicionar a su "dueño"; porque le esperaban los más espantosos tormentos!

Fueron cuatro años de terrible batalla en que se enfrentaron dos mundos distintos, no habiendo más comunicación entres esos mundos que la voz de Malitzin. Ella era e conducto humano que unía Anáhuac con España. Y no había otro medio de comunicación; por eso era tan importante para Cortés. Siempre estaban juntos, por lo que en todas las representaciones de aquel tiempo se ve a Malitzin junto al conquistador.

Tanto españoles como indígenas sabían muy bien la gran afición que tenía Cortés por las damas, teniendo buen éxito con ellas; pero este hombre jamás supo de amor, sino de vulgar estado psicológico-biológico, pues fue de energía e impulso vital e idea fija en la satisfacción sexual, sin más entrega que el cuerpo.

Conociendo la moral de Cortés, después de la caída de Tenochtitlan fácil es comprender por qué una noche, estando en su casa de Coyoacán, mandó llamar a Malitzin, tomándola para sí. Mucho se ha especulado que la Conquista fue producto de la fusión de dos amores, el de Malitzin y Cortés. ¡Nada más falso! El hombre, en un momento de desahogo físico, deseó a Malitzin buscándola después de estar mucho tiempo juntos, mas fue sin amor, y si ella lo aceptó fue debido a su condición de esclava, nacida sólo para obedecer.

En la invasión siempre fue así, salvo excepciones que siempre las hay. La mujer indígena, tan casta en sus costumbres, jamás se entregó al conquistador por deseo propio, siempre fue violada por la fuerza. Así Malitzin fue una indígena subyugada, una esclava, sin voluntad propia, que sin protestar aceptaba la imposición de su "amo", ya que las indígenas del Anáhuac fueron primero sometidas, para luego entregarse sin voluntad.

Malitzin vivía en un mundo de hombres sin principios y crueles, que hicieron desaparecer de su vida la alegría. La transformación ocurrió cuando llegó al lado de Cortés. Antes de ese suceso era una jovencita con risa de cascabel y voz susurrante, y tal vez el cambio se debió al haber presenciado tantas crueldades, y pese a sus pocos años, experimentó temor al presentir que iba a convertirse en el alma de las perversas maquinaciones del ambicioso extremeño, que engañaba por igual a los vasallos de los pueblos descubiertos, como a sus propios soldados.

Todo el tiempo que Malitzin estuvo al servicio de Cortés, solo la consideró indispensable como "lengua", pero le fue indiferente en cuanto a mujer bella y joven. Por lo tanto fue solo un incidente en la vida de Cortés. No hay que hablar de amor en la conquista ¡Cortés no amó a Malitzin y Malitzin no amó a Cortés!

¿Supo o descubrió doña Catalina la atracción sexual que su esposo sentía por Malitzin? ¿Acaso sintió celos? ¿Fue esa la causa del alegato entre los esposos, que culminó con el asesinato de doña Catalina?

¡Misterios que nunca se aclararán!

Llegamos al final de la tragedia meshica: la muerte de Cuauhtémoc. Era la víspera del viaje de Cortés a las Hibueras. Todo estaba preparado, cuando en una sala de la casa de Coyoacan, Cortés discutía con varios capitanes, sobre qué convenía hacer con el señor de Tenochtitlan, ya que por lisiado constituía un estorbo, imposible llevarle porque estaba mutilado de pies y manos; pero por otra parte, si se le dejaba, podían sublevarse los indígenas.

La discusión fue larga, en la discusión participaban algunos legos que se oponían a que Cuauhtémoc fuese asesinado, pero Cortés que no oía razones y estaba acostumbrado a que nadie impidiera sus deseos, decidió sacrificar también a los descontentos por igual que al señor de Tenochtitlan, temeroso de que los legos fueran a acusarlo con Fray Pedro de Gante, hermano bastardo de Carlos V, a quien el emperador quería mucho.

Así, cuando apenas se iniciaba el alba, a una orden suya, fueron varios soldados por el baldado señor de Tenochtitlan, quien aún tenía aherrojados los muñones de los que fueron fuertes pies y manos, con cadenas, llevándolo cargado, y tras él iban los frailes, los legos rebeldes, con los brazos sujetos a la espalda. Llegaron al lugar señalado para el crimen, y allí estaba Cortés en compañía de Alvarado el sanguinario, la imprescindible Marina, capitanes y frailes, ansioso de presenciar el ajusticiamiento.

Al mirar las sogas, Cuauhtémoc miró a Cortés que le observaba impasible. La voz del rey meshica, pausada, sin prisas, se dirigió a su verdugo, y Malitzin tradujo con modalidades extrañas en su voz, mientras sus negros ojos miraban a Cuauhtémoc. ¿Acaso querían decirle algo al señor de Tenochtitlan antes de ir al Mictlán? ¿Si hubiera podido libremente hablar, qué habría dicho?

Pero ella, sujeta a una férrea voluntad que aniquilaba hasta sus raíces a la suya propia, sin temblor en la voz, porque tal cosa le hubiera ocasionado crueles reprimendas, y tal vez sádicos castigos, tradujo:

—¡Oh Malinche! Días había yo que tenía entendido, que esta muerte me habías de dar y había conocido tus falsas palabras, porque me matas sin justicia. Dios te lo demande, pues yo no me la di cuando me entregaba en Tenochtitlan.

Poco después se cerraron los nudos sobre los cuellos de los inocentes legos, sólo que el rey Cuauhtémoc, Aguila que cae, fue colgado de los muñones que un día fueron ágiles pies, y lo que quedaba de aquellas manos que tan fieramente dieron la señal de la batalla muchas veces, estaban sujetas a la espalda por infamantes cadenas. Malitzin tuvo que presenciar aquel horrendo crimen, al lado de Cortés. ¿Qué pensaría la joven indígena de la agonía del bello exponente de los hombres de su raza? ¿Qué pensamientos tuvo al ver la injusta condena? ¡Gran desgracia para la historia que esta mujer no escribiera sus memorias, cuando al lado de Jaramillo estaba lejos de la influencia de Cortés! ¡Cuántas cosas se hubieran sabido! ¡Cuántos mitos se hubieran destruido! Pero, su voz, para desgracia de un pueblo, no se elevó.

Cortés iba a emprender su viaje a las Hibueras, a pesar de que sus amigos y aún el emperador Carlos V se oponían a ello. Varios autores aseguran que la causa que obligó a Cortés a dejar la capital de la Nueva España, fue el temor de que se le culpara de la muerte de su esposa Catalina Xuárez, conocida como la Maracaida. Otros, en cambio, afirman que ese deseo de aventuras perseguía el querer recuperar el sitio que le negara su majestad Carlos V, entre sus privilegiados. Sea una cosa u otra, lo cierto es que Hernán Cortés, al saber que se estaban haciendo conquistas en Centro América, en especial por Pedrarias Dávila, ambicioso como era, quiso aumentar la extensión de las tierras arrebatadas a sus legítimos dueños, por lo que se dirigió a las Hibueras el 12 de octubre de 1524, acompañado de la inseparable Malitzin.

La comitiva expedicionaria iba, según aseguraba Cortés, en persecución del capitán Cristóbal de Olid, uno de los once que partieron de Cuba acompañándolo, y a quien debido a que aportara dinero para la expedición, le dio Cortés el mando de un navío. Mas sucedió que a la caída de Tenochtitlan, a la hora del reparto del oro, formó parte del grupo de descontentos, y Cortés, para congraciarse con él, le envió a la conquista de Michoacán, de donde regresó muy rico, lo que aunado a tener una esposa "portuguesa", "joven y hermosa", aumentó su soberbia y despotismo.

Mientras Olid estaba en Michoacán, Cortés, acompañado de Malitzin, dirigía la campaña del Pánuco. Más tarde Cristóbal de Olid fue enviado por Cortés a participar en la conquista de las provincioas de Zacatula y, Colima, coincidiendo su regreso con la llegada de la esposa del conquistador. Así, deseando aumentar su prestigio de hombre de empresa al someter otras tierras más, Cortés envió a Cristóbal de Olid habilitándole con cinco naves grandes, un bergantín, cincuenta caballos, armas, provisiones de boca, todo a su costa, no sin que Olid además invirtiera parte de su dinero, pues había conseguido con sus latrocinios, grandes riquezas. Olid, emprendió la marcha el 11 de enero de 1524, mas tan luego como dejó la Villa Rica, se dirigió a Cuba, donde se entrevistó con Diego Velázquez, y apoyado por éste, desconoció a Cortés. De tal suceso fue informado el conquistador ocho meses después, enviando al instante a Francisco Casas, para combatir y castigar al rebelde, pero éste tuvo la desgracia de naufragar, por lo que fue apresado por Olid, quien poco después, creyéndole amigo, le reiteró su confianza, sin sospechar una traición, ya que en un descuido, Casas le hirió con un puñal, adueñándose del mando, y sin perder tiempo ordenó ajusticiarlo.

De tal suceso Cortés no tuvo noticias debido a la distancia y a las dificultades de comunicación, y como pasara el tiempo, decidió personalmente dirigirse a las Hibueras, a pesar de que muchas personas intentaron convencerlo de que no era prudente dejar la ciudad. El 12 de octubre, fecha indicada, dejó la capital de la Nueva España, acompañado de Malitzin, de Gonzalo Sandoval, González de Salazar y Chirinos, Juan Jaramillo, conquistador y pacificador de Tepeaca, Luis Marín, Pedro de Irsio, Alonso de Grado, Alonso Valiente, Diego Nazariego, Fray Juan de Barillas, fraile de la Merced, su mayordomo Carranza, Maestre Salas de Jassò, Rodrigo Mañueco, su botiller Cerván Bejarano, su repostero San Miguel, despensaro Guinea, camarero Salazar, el médico Pedro López, el cirujano Diego de Pedroza y el joven Francisco de Montejo, hijo del adelantado, que iba como jefe de los pajes de servicio.

Además, en la comitiva iba Tello de Medina, encargado de las abundantes vajillas de oro y plata; Gonzalo Rodríguez, caballerizo, dos pajes de lanza, ocho mozos de espuela y estribo, dos cazadores halconeros, cinco músicos de chirimías, otros de sacabuches y dulcineas, un volteador amaromero, uno de suerte de manos y títeres, además de gran número de indígenas de servicio, muchas acémilas y una gran piara de puercos para ir matando y comiendo por el camino. ¡Ni más ni menos como un rey!

Tan luego como la expedición dejó la ciudad, se dirigió a Chalco en donde esperaba unirse a Cortés, Ixtlixóchitl con un ejército de diez mil acolhuas y tezcucanos, los que unidos a los tres mil guerreros meshicas, sumaban trece mil hombres, a quienes más tarde Cortés tuvo que deberles que los expedicionarios salieran con vida de la selva. Así llegaron a Orizaba llevando como intérprete a Malitzin.

El tren que llevaba Cortés era deslumbrantemente rico, asombrando a todos los que lo presenciaban. Era "un espléndido cortejo, sus acompañantes, lo más granado de la flor de sus capitanes, llevando cada uno su propia servidumbre según la Historia de Orizaba de Arroniz. Cuando llegaron allí, los caciques principales "tzin" de los pueblos circunvecinos, hicieron grandes fiestas y demostraciones de "fingido cariño". (¡Igual que ahora con nuestros gobernantes!)

Fue allí, en Ahuilalizapan Orizaba, sin saberse la causa, que decidió Cortés desprenderse de Malitzin como su "amante" y casarla sorpresivamente, ante testigos, con Juan Jaramillo "sujeto de alta alcurnia, estando borracho." La boda fue en Huiluapan, y aún se conserva en la iglesia de este pueblo, la pila de agua bendita usada en la ceremonia. "Fray Juan de Tecto, sacerdote ejemplar, fue el encargado de casarla", aunque este dato es erróneo, ya que en la lista de los frailes que acompañaron a Cortés no se menciona a ninguno con ese nombre, en cambio sí está Fray Juan de Barillas, fraile de la Merced.

"Para celebrar la boda de la "admirable princesa", la "lengua" como la llamaban los meshicas, organizaron un banquete, sirviendo de "mesa" una piedra monumental de siete u ocho metros de largo, por cinco o seis de ancho, conocida tradicionalmente con el nombre de "gigante." "Sobre la piedra está labrado un pescado, una liebre y varios círculos, y una gigantesca figura humana, que ha ocasionado grandes comentarios aunque aún no se descubre el significado de esos grabados, a pesar de que varios sabios e historiadores han intentado descifrar su contenido". A Rodríguez. Esa se conserva en el cementerio de Orizaba. Al otro día, pasados los efectos del licor, Juan Jaramillo se enfrentó a Cortés y le reprochó su indigno proceder, ya que Malitzin estaba embarazada, como consecuencia lógica de su mancebía con él, por lo que no estaba de acuerdo de "que tan gran señor le pasara sus obligaciones."

Pero a pesar de sus protestas, hechas sin miedo y en tono altanero, Malitzin era legalmente su "esposa", mas a pesar de esto no hizo vida marital con ella. Este acto de Cortés pone en claro que no amaba a Malitzin. ¿Que hombre enamorado de una mujer, la cede a otro? Máxime que Cortés era muy celoso. Malitzin sólo le era muy útil, y también la buscó muchas veces en sus horas de desahogo fisiológico, que no es lo mismo que buscarla por amor. ¿Pudo amarla, desprendiéndose de ella cuando estaba por nacer un hijo suyo, entregando a madre e hijo a otro hombre?

Duele pensar lo que sentiría esa joven mujer, educada para la servidumbre, sorpresivamente entregada por el padre del hijo por nacer, a otro hombre. ¿Acaso sentiría rencor, un profundo rencor no manifestado por miedo, al verse tratada como una bestia? ¿Acaso ella había sido una de tantas víctima como las demás, de la lujuria monstruosa del conquistador? ¡Qué pronto olvidaba su "amo" lo mucho que le debía! Y la pobre mujer, aislada de todos los que la pudieran defender-avergonzada al sorprender en el rostro de los invitados una sonrisa maliciosa ante el embarazo mal disimulado bajo el amplio huipilli.

Terriblemente desconcertada ante la crueldad de su "señor", con la cabeza inclinada, escuchaba sin entender las palabras del sacerdote. ¡Aquel hombre nunca la había querido! ¡Nunca! ¡Sólo la conservaba a su lado por lo útil que le era! ¿Acaso no era a ella a quien debía, más que a sus aliados, el orgullo de la conquista? ¿Qué hubiera sido de él sin su fidelidad?

No era a la caterva de sus soldados ni a la ayuda de los enemigos de Moctezuma a quienes Cortés debía el valioso regalo de esas tierras nuevas. Y el pago era ese, desprenderse de ella como una bestia inservible que se cede a un nuevo amo. Por lo que sintiéndose totalmente humillada, sin querer ver la cara de su "amo", ni la del "esposo" terriblemente congestionado de alcohol, y sin ver la cara malévola de los que la rodeaban, inclinó resignada su cabeza de negros cabellos, fijando su mirada en el suelo, sólo en el suelo.

Después del sorpresivo casamiento de Malitzin, prosiguió el viaje.

Así llegaron a Coatzacoalcos, donde el río era tan caudaloso que tuvieron que valerse, para cruzarlo, de trescientas canoas grandes, mas al llegar a Espíritu Santo, (Coatzacoalcos) se encontraron con las calles cubiertas de pétalos y arcos triunfales, congregados los vecinos y los indígenas de la región. Los expedicionarios esperaban allí "reposar de los grandes trabajos y procurar de haber algunos bienes y granjerías"; pero las órdenes que diera Cortés fueron de estar presentes en los festejos, ya que "no le osaban decir que no, e ya que alguno se lo decía, por fuerza le hacía ir ." En la plaza de Coatzacoalcos se hizo alarde de todos los hidalgos. Delante de Hernando desfilaron ciento treinta de a caballo, doscientos de infantería, un pequeño grupo de jóvenes recién llegados de España o de las islas al llamado de la "aventura y del oro", además desfilaron los indígenas coronados de plumas.

"Desde que Cortés intentó salir de México, el tesorero Estrada, el contador Albornoz, el veedor Chirino y el factor Salazar, procuraron oponerse a aquella expedición representando los peligros de alzamientos de los naturales y discordias de los españoles, y durante todo el camino el factor y el veedor, que acompañaban a Cortés, insistieron constantemente en que volviera a México."

En Coatzacoalcos, el factor dijo a Cortés que él temía mucho del contador y del tesorero que habían quedado en el gobierno de México; "porque el primero era revoltoso, pérfido y amigo de novedades, y el segundo no quería bien a Cortés, mal hablaba del gobierno de este, y de todo lo que había hecho, y se jactaba públicamente de ser hijo natural del rey don Fernando el Católico.

Estas conversaciones, unidas a los malos informes recibidos de lo que pasaba en México, noticias llegadas por carta en que le referían que tanto llegaba la discordia entre los gobernadores Estrada y Albornoz, que por cuestión de poca monta, en un Cabildo, habían llegado a meter mano a las espadas, determinaron a Cortés a enviar de regreso a México a Salazar y Chirinos, con nombramientos de tenientes gobernadores para ejercer el poder en unión de Albornoz, Estrada y Zuazo. Cuando éstos salieron, Cortés ordenó proseguir el camino, no sin antes escribir a Medellín y a Villa Riça de Veracruz a Simón de Cuenca, para que cargara dos carabelas de poco porte, con bizcochos de maíz, vino, vinagre, aceite, tocino, herraje y otras muchas cosas, y con orden de que el mismo Simón de Cuenca viniese por capitán, tomando por derrotero las costas del mar del Norte, hasta encontrar nuevas órdenes. El capitán, envió un carabelón por el río de Tabasco con instrucciones de que esperara a Simón de Cuenca para seguir el derrotero.

Más tarde, cuando quedaban muy atrás las alegrías, dejó la expedición Espíritu Santo, saliéndoles al encuentro grandes obstáculos: ríos pequeños unos y grandes otros, causándoles molestias, pues a veces los podían cruzar sobre los caballos, otras, el ímpetu de la corriente o su anchura les obligaba a usar canoas o balsas; pero sus penalidades no terminaban allí, ya que a cada paso encontraban pantanos y lagunas pestilentes, por lo que muchas veces necesitaban formar puentes o caminos para atravesarlos.

Y allí iba, como todos, sufriendo lo indecible, la joven mujer, cuyos movimientos eran torpes y lentos, pues su embarazo estaba muy avanzado. Así pasaban los meses y ella no sentía miedo ni temor, y si alguna vez sufrió angustia cuando la expedición estaba al borde de la muerte, no fue por ella, sino por el hijo por nacer.

Silenciosa y pensativa deben de haberla encontrado las sombras de la noche, en cualquier descanso, después de la árdua jornada. Así ella y los demás llegaron a Tonalá, a nueve leguas de Espíritu Santo y siguieron, encontrando llanuras anegadas, pantanos, bosques cerrados, en donde los bejucales, colgándose de los troncos y de las ramas de los árboles, se entretejían formando redes que hacían aquellos lugares impenetrables. Luego atravesaron Copilco, Chontalpa, Tepeaca (que era la encomienda de Bernal Díaz del Castillo). Malitzin acusaba un embarazo muy adelantado; pero la necesidad de ir al lado de su "amo" y alejada del "esposo", la obligaba a esforzarse en hacer grandes recorridos a pie, en nadar como todos, en sufrir hambres y sed, caminando en la madrugada, resistiendo el frío, escudándose del viento, al lado de los curtidos soldados, sin temor, sin quejas, de frente a su destino. Nunca se le oyó quejarse, ni llorar; pero tampoco reír. Sintiéndose extraña con los suyos, extraña con los ajenos a su raza ¿en dónde encontraría el refugio que la acogiera con cariño para dar a luz? ¿Dónde sería? ¿Qué día? ¿qué mes?

Antes de proseguir relatando las penalidades sufridas por la expedición, trataremos de interpretar el sentir de una mujer marcada por el destino, y para ello necesitamos entrar en el campo de las suposiciones. ¿Dónde nació el hijo de Malitzin? ¿Cuál fue el preciso lugar? ¿En qué fecha? Han pasado los siglos y aún no se descorre el velo del misterio. Malitzin no era una dama española que habitara una rica casona, no era hija de hidalgos que fuera servida por numerosos esclavos ¡No! Malitzin era una indígena, que vivía al lado de su "señor" porque le era necesaria, y no por su bello cuerpo, hermoso y joven. Mas a pesar de tantas cualidades, no era más que la "lengua", una indígena, cuyo "amo" la había convertido en "barragana", con la misma indiferencia y desprecio conque tomaba a todas las mujeres de su raza. ¿Qué podía esperar del padre de hijo gestado sin amor? Ese hijo, próximo a nacer, había tomado vida en un momento inesperado e impensado de placer. ¿Acaso ella lo había deseado? ¡No! Su voluntad fue anulada! Mas a pesar de todas sus angustias y temores, su hijo pronto nacería. ¿Quién podría estar a su lado? ¿Acaso el padre del nuevo ser? ¿Acaso el "esposo" impuesto? ¿Tal vez Juan Malinche, su cancerbero, que figuraba también en la expedición? ¿A quién le iba a importar ese nacimiento? Ella era una india, y las indias parían como los animales, en cualquier lado.

Y sintiendo moverse en su vientre al esperado, con tristeza pensó que él no era nacido de una española noble, sino de una madre india, por lo que sería un suceso sin importancia. Al lado del "amo" había caminado en el corazón de la selva, atravesando bosques solitarios en que el animal venenoso acechaba; otras veces cruzaba a nado las aguas traicioneras de arroyos y ríos. Así, lenta en sus movimientos, con fatiga, iba tras su "señor", despreciada por el "esposo", sintiéndose más sola y desesperada que nunca. Así había caminado en la desolación de las arenas, al borde de las lagunas, sobre las tierras movedizas y los pestilentes pantanos llenos de alimañas y serpientes, sufriendo hambre y sed, siguiendo la huella del extremeño sin voluntad propia, sin deseo de protestar. Y en sus noches de insomnio tuvo que descubrir que la maternidad hace más sensible a la mujer.

Próxima a ser madre, era la misma mujer sumisa, silenciosa, sin rebeldía, ni aún por su hijo. ¿Qué era el padre de su hijo? Un devoto de la deslealtad, la ingratitud y el desamor. A ello se debió que sorpresivamente se detuviera en las cercanías de la encomienda del Tuerto Ojeda, en tierras de Ahualializpan —Orizaba— desligándose de ella cuando supo que en su vientre tomaba vida un ser engendrado por él. Y el escogido para consumar tal felonía, fue Juan Jaramillo, uno de los más oscuros capitanes, nombrado alferez durante la campaña del Pánuco.

Como si no fueran suficientes tantas penas, las aumentaba la marcada indiferencia de Jaramillo, que trataba siempre de alejarse de ella. ¿Por qué no se compadecía de su avanzado estado? ¡Tampoco él la amaba! Jaramillo nunca protestó porque bien sabía que aún no nacía el hombre que se opusiera a los caprichosos del conquistador. Nadie ignoraba que el erótico capitán buscaba a Malitzin sólo como "mujer objeto" en su exagerada líbido. Además ¿Por qué protestar si esa felonía sería espléndidamente remunerada? Nacería el hijo de Cortés y nada cambiaría, puesto que todos sabían quien era el padre.

La hora llegaba. ¿Dónde? Tal vez en lo más intrincado de un bosque o al borde de un torrente. El lugar era lo de menos. ¿El día? ¿Quién se iba a fijar en el día, a nadie le importaba que una india diera a luz. La joven madre debió sentir los primeros dolores del parto y estaba sola, ¡muy sola! Sin poderlo evitar, recordó las costumbres de su raza: otras madres escuchaban palabras de consuelo, ancianas mujeres rodeaban a la futura madre para darle aliento, y cerca, muy cerca de ella, la canasta finamente tejida en que se había depositado la ropa del por llegar, y la ticitl –médica– solícita, esperaba ayudar. ¿Cómo olvidar las palabras de la médica cuando el hijo había nacido y la madre se sentía agotada por el esfuerzo hecho: "habéis vencido varonilmente en la batalla y habéis cautivado un hijo". Mas ella, por desgracia, en esa soledad, no oiría las voces y menos iba a escuchar estas otras sabias y dulces: "Seais bien llegado, hijo mío muy amado, muy tierno. Eres pájaro que llaman quecholli. Eres pájaro que llaman zacuán, y también eres ave y soldado que está en todas partes."

El momento tan temido se acercaba. ¿Estaba acaso bajo el cobijo de un árbol gigante, en una selva tan oscura que por días y días no se llegaba a ver el esplendor del cielo? ¿O fue en una noche lóbrega, bajo la furia del viento y las implacables cataratas del cielo cayendo amenazadoras, apagando todos los fuegos, y quedando todo hundido en el misterio y en el terror? También pudo ser al borde de un torrente bravío, cuyo caudal causaba espanto. Tal vez fue en una noche de tormenta en que todos se sentían sobrecogidos por las furias de los elementos. O acaso al final de un día de desesperanza. No sería difícil que perdida en la oscuridad, llegara a sentir los primeros dolores anunciadores de la próxima llegada del nuevo ser. Pero ella, que desde niña aprendió a no llorar, a no quejarse, estóicamente aguantó los sufrimientos.

Así llegó a sentir que sus carnes se desgarraban, que el dolor se hacía insufrible, por lo que se colocó de cuclillas como las mujeres de su raza, sujetándose a una fuerte rama, y sin una queja esperó, ¡esperó! Momentos antes sus manos habían amontonado bajo sus piernas abiertas un manto de hojarazca que serviría de lecho al recién llegado. Y entre más tiempo pasaba, la joven madre iba sintiendo que sus huesos se resquebrajaban, que su carne se dilataba y ella estaba sola ¡muy sola!

Por fin el momento preciso se acercaba, por lo que comprendió que había que hacer el último esfuerzo, se aferró más a la fuerte rama, y pujó, pujó quedamente ¡y el hijo nació! y junto con el suspiro de alivio de la madre, se escuchó el primer lloro del esperado. Aquel tierno lloro en la oscuridad y en el desamparo tal vez hizo que los hombres cansados, destruidos, apresuradamente se levantaran y bajo la tormenta implacable que caía sobre ellos, fueron hasta donde se hallaba la madre y a pesar de que todos los fuegos estaban apagados por la inclemencia de los elementos, con inauditos trabajos encendieran una tea, y su luz cayó sobre la madre agotada, pero serena.

A pesar del huracán que trataba de apagar la flama, aquellos soldados que muchas veces vieron cercana la muerte, al descubrir la nueva vida, sonrieron y al sorprender aun el niño sujeto a la madre, cortaron con un puñal el cordón umbical y con un cordel le amarraron, y recogiéndole del lecho de hojarazca, le limpiaron, envolviéndole con el quequeme de la madre. La noticia tuvo que ser conocida por todos. Mirando al infante se olvidaron de la madre, y aquellos rudos hombres debieron reír con risa inocente, al contemplar al pequeño, por lo que terriblemente emocionados, tomándolo con delicadeza, lo llevaron al instante hasta donde dormía el padre.

Cortés se hallaba tendido sobre gruesas alfombras, y al oír voces se incorporó escuchando que le decían:

– ¡Su hijo, capitán, su hijo!

Cortés observó curioso el rostro del tierno infante: su faz era blanca, sus cabellos oscuros. Apresurado se puso de pie, y aunque su voz no acusaba emoción, ante los allí reunidos dijo:

– ¡Se llamará Martín como mi padre!

Y minutos después, fue depositado en los brazos de la madre.

Es necesario dar a conocer las diferentes versiones que se han dado sobre el lugar y la fecha del nacimiento del hijo de Cortés y la Malinche. Unos historiadores afirman que nació en el año de 1523, en la ciudad de México. Otros aseguran que en ese año de 1523 nació en Coyoacán. Pero todo lo dicho anteriormente es falso. A fines de 1524 Malitzin esperaba el nacimiento de su hijo para 1525, ya que en octubre de 1524, camino de las Hibueras, al casarla Cortés sorpresivamente con Jaramillo, los componentes de la expedición y los testigos de esa boda impuesta, descubrieron a pesar de lo holgado del huipilli de Malitzin, que ésta acusaba un embarazo de cuatro meses o más.

El niño tuvo que haber nacido cinco meses después, tal vez a fines de marzo o a principios de abril de 1525, y no en la ciudad de México ni en Coyoacán, sino en pleno camino a las Hibueras. Por desgracia aún no se sabe el día, la hora ni el lugar, a pesar de que era hijo de tan gran señor. Para Martín Cortés no hubo cronista español ni indígena que registrara tal suceso. Y el motivo fue solo uno: que la madre era "una india", solo una india, aunque sin ella, los laureles de Cortés no existirían. Cortés siguió su marcha, por cierto, penosísima, camino de las Hibueras —Honduras— ordenando a Chirinos y a Salazar que volvieran a México ante los graves acontecimientos sucedidos en el corazón de la Nueva España. Ni tardos ni perezosos los enviados se adueñaron del mando, propalando la noticia de la muerte del conquistador.

Cuando salió a las Hibueras Cortés dejó gobernando la Nueva España al licenciado Zuazo, al tesorero Estrada y al contador Albornoz, que por primera vez asistieron al Cabildo celebrado por el Ayuntamiento el 4 de noviembre de 1524. Zuazo era hombre prudente, "de ciencia, conciencia y experiencia", conocedor de los negocios de las Indias y leal amigo de Cortés. Estrada y Albornoz habían venido a las nuevas tierras sin conocimiento ninguno de lo conquistado, sólo con espíritu de lucro y deseo de fama. Estrada pregonaba ser de real estirpe, hijo del rey don Fernando el Católico, por lo cual era ambicioso de mando y soberbio con los españoles. Como los tres tenían que mandar mancomunados, pronto surgió la discordia y el conflicto.

Cuando llegó Cortés a Coatzacoalco tuvo noticias de las desavenencias entre los gobernadores y entonces, por ello, mandó a Salazar y a Chirinos a México, quienes deseos de asumir solos la autoridad, se presentaron en el Cabildo el 29 o 31 de diciembre de 1524, con la provisión de Cortés que los autorizaba a gobernar en unión del licenciado Zuazo; pero no tardó en circular la versión de que Cortés había muerto.

"Era un rumor que corría primero como una noticia vaga y fue poco a poco tomando cuerpo de que Cortés y todos los que le acompañaban habían muerto." Al principio se dudó de tal noticia; pero tanto se dijo y tan calurosamente la sostuvieron los gobernadores que ya nadie dudó. "Ayudaba tal noticia, el hecho de que durante muchos meses no había llegado nueva alguna del Conquistador, ni de ninguno de cuantos le acompañaban."

Llegaron a tanto las cosas que los gobernadores, como Rodrigo de Paz, fiel amigo de Cortés, aseguraba lo contrario, Chirinos y Salazar decidieron deshacerse de él, por lo que le dieron tormento, para más tarde condenarlo a ser ahorcado en la plaza pública. Luego los gobernadores pregonaron que todas las mujeres de los compañeros de Cortés podían volverse a casar sin impedimento, porque eran viudas, además dispusieron hacer solemnísimas honras por Cortés y grandes sufragios por su alma.

Referían algunos que por el rumbo de Santiago Tlatelolco se aparecía durante la noche el alma del Conquistador, penando. Contaban otros que en el cementerio de la iglesia de Tlaxcalla, se había visto algunas noches entre llamas infernales a Cortés y a la Malinche. No faltaron decirse testigos oculares de tales prodigios, y el mismo gobernador Salazar aseguró que se le había aparecido el alma de Cortés, y que él por medio de conjuros podría mostrar la verdad de lo por él aseverado, a quien valor tuviera de soportar cualquier noche tan terrible prueba.

Mas sucedió que entre las españolas casadas con hombres de Cortés, había una llamada Juana Ruiz de Marcilla, mujer de Alonso Valiente, secretario de Cortés en la expedición de las Hibueras, que no sólo negó la noticia, sino que aseguró que Cortés, Alonso Valiente, Gonzalo de Sandoval y la mayor parte de los que con ellos iban, estaban vivos y pronto tornarían a México a cortar los desmanes y a castigar a los perturbadores.

Tal mujer no tardó en ser denunciada por Juan Tirado, Pedro Gallegos y Elvira López, por lo que Salazar la mandó aprehender y tras de una sombra de proceso en que no hubo más que las declaraciones de los tres testigos, Juana Ruiz Marcilla, que era mujer honrada y de las principales de la ciudad, fue condenada a sufrir cien azotes caminando por las calles, montada en una bestia, con voz de pregonero que anunciara su delito, y además que permaneciera presa hasta que pudiera ser conducida a Medellín, y embarcada allí para las islas.

Como dato curioso transcribimos la sentencia: "Por este proceso, parece e se aprueba, que la dicha Xuana Ruiz, a fin e causa escandalizar la tierra en servicio de su Magestad, a dicho e publicado muchas veces que el gobernador Hernando Cortés es vivo, e que ha de venir e viene, e que lo pasarán mal los que se llegaban e habían llegado a la Xusticia Real, según dijo el dicho Xoan Tirado, e que sigue e favorece la Xusticia e porque notario que a su casa se llegan muchos escandalosos a facer ayuntamientos sobre esto, hallo que le debo condenar é condeno, a que sea caballera en un asno, con una soga a la garganta e las manos atadas, e le sean dados cien azotes, públicamente, por las calles acostumbradas de esta ciudad; é más, la destierro de esta Nueva España por tiempo de cinco años, é mándole que no le quebrante so pena que por la primera vez que lo quebrantare, le sean dados otros cien azotes, e sea desterrada perpetuamente desta dicha Nueva España; é condénola, mas, en las costas de este proceso, cuya tasación a mí reservo e por mi sentencia, xusgando, ansí pronuncio, e mando en estos escritos e por ello. Gonzalo de Salazar."

Tan terrible castigo por cosa tan insignificante aplicado a una mujer distinguida de la ciudad, prueba cual era el ánimo de los gobernantes, haciéndoles cometer toda clase de crímenes y arbitrariedades.

Desastrosa seguía siendo la expedición de las Hibueras. Grandes eran las peripecias sufridas por esos hombres, tanto españoles como indígenas, que muchos de ellos seguían a Cortés contra su voluntad. En esa peligrosa aventura y entre el contingente de expedicionarios encontramos a Malitzin y a su pequeño hijo. Y es justo reconocer que fueron manos indígenas, color de barro cocido, las que se ocuparon del niño, bañándolo, cambiando sus ropas o llevándolo hasta la madre para que lo amamantara. ¿Mujeres nativas o de España? ¡Ninguna! ¡Soldados españoles y guerreros meshicas, ya que la expedición era sólo para hombres! El niño pequeñito llamado Martín, vio otros rostros aparte del de su madre; vio rostros rubios y rostros morenos, nobles, cuyas pupilas color de obsidiana parecían sonreírle. Esos hombres tan serenos, a diario le miraban y eran los que le cargaban en sus espaldas desnudas, acomodado en finas redes; eran ellos los que velaban su sueño, los que entonaban canciones aprendidas de su pueblo para que se durmiera.

Brazos morenos y fuertes lo mecieron para que no llorara, mientras la madre, junto al conquistador, ejercía la misión de "lengua". Cuántas veces, dentro de la red protectora, acomodado en la espalda de un fuerte guerrero, pasaba los más espantosos precipicios, sin que Malitzin temiera nada, ya que ella bien sabía que esos hombres habían sido educados para las grandes caminatas y para vencer todos los peligros. Otras veces iba Martín dentro de un cesto tan perfectamente tejido que el agua no entraba, así iba bien protegido pues su custodio era un buen nadador que sabía cruzar las aguas de los ríos más tempestuosos.

Así fue creciendo el hijo de Malitzin, succionando la leche materna, leche indígena. La expedición siguió entre playas desconocidas y bosques impenetrables. Al llegar a Tonalá, pasaron una noche y un día, y al llegar a Agualulco "se pasó un estero que entraba al mar, donde se tuvo que hacer un puente que había de largo media legua, cosa espantosa como lo hicieron".

En la provincia de Copilco –Tabasco– encontraron abundante cacao, fruta; pero para seguir adelante "se hicieron más de cincuenta puentes, que sin eso fuera imposible pasar la gente." Y siguieron el itinerario lejos del mar o por montañas cerradas, ciénegas tenebrosas, por intrincada maraña de ríos, torrentes y lagunas. El paso del río Guezalapa fue más difícil todavía, pues tuvieron que usar canoas nativas. En Zorgoatan –sur de Tabasco– sufrieron inundaciones, los fuegos se apagaron, y bajo el cobijo de los árboles, asustados, escuchaban la cercanía de los animales selváticos, y cuando intentaron accrcarse a un poblado, tuvieron que hacerlo a nado; encontrando el pueblo desierto y totalmente quemado, donde les fue necesario descansar veinte días.

Estando allí se dieron a la busca de senderos y brechas sin encontrarlas "pues para cualquier parte que salían alrededor del pueblo, habían tan grandes y espantosas ciénegas que parecía imposible pasarlas. Y puestos ya en mucha necesidad por falta de bastimentos, se hizo un puente en una ciénega, que tuvo trescientos pies, en que entraron muchas vigas de treinta y cinco y cuarenta pies, y sobre ellas y otras atravesadas, pasaron y siguieron en demanda de aquella tierra donde les habían dicho que estaba el pueblo de Chilapa". Mas grande fue su decepción ya que el pueblo también había sido quemado como tantos otros, aunque en él encontraron frutas, maíz y pasto para los caballos.

Prosiguiendo su marcha llegaron a Tepelitan. Y continuaron el camino sin guía, en "una maraña de nudos de altos árboles, lagunas y ríos, donde en las ciénegas se hundían los caballos en el lodo hasta las cinchas." El desaliento volvió a apoderarse de todos. La exacta noción de la terrible aventura en que los había metido Cortés les hizo protestar entre ellos, y ya no les importaba el éxito de la empresa, sino la defensa de sus propias vidas. ¡Sólo los indígenas guardaban silencio resignados!

Todo esto se relata para que quede manifiesto lo que padeció "muy grandes trabajos, ni vistos ni oídos" la joven madre y su hijo, que tuvo que caminar por montes y sierras, pasando grandes ciénegas y ríos a nado o en balsas, sufriendo hambre y sed, mirando como muchos de esos hombres comían culebras y lagartos, además de hierbas silvestres. Esa mujer joven y bella y tan callada debió desear fervientemente, volver a la ciudad de donde había salido, ya no por ella que estaba acostumbrada a las grandes privaciones, sino por su hijo. Y no sería difícil que por las noches, en el silencio y la soledad, cuando se encuentra el ser que sufre ante el deseo de implorar piedad al cielo, tal vez Malitzin elevaba sus angustiadas plegarias por igual a los dioses de su raza, y al dios extraño que le habían impuesto, pensando, que si sus dioses no escuchaban sus ruegos, el dios desconocido pudiera compadecerse de su dolor de madre.

La trágica caminata proseguía, y las blasfemias se habían trocado en lamentaciones. Tras ellos habían quedado indígenas y españoles, en las traicioneras ciénegas, tragados por el cieno, en los desbancarraderos y no pocos arrastrados por las impetuosas corrientes.

Y Malitzin, en silencio, con su hijo en brazos, presenciaba todas esas tragedias, sin que en su rostro se adivinara el miedo. ¡Cuántas y cuántas veces había oído el grito desgarrador de los que morían, ya en la selva, en los esteros, en las aguas traicioneras! Morían los frailes, los músicos, los españoles, los indígenas y hasta los caballos. Morían por comer frutos extraños, por la mordedura de una víbora o por el ataque de los animales salvajes, y ella temerosa, más que por su vida por la del pequeño hijo, no comía nada que no conociera aunque sufriera hambre, ni bebía agua que no fuera limpia a pesar de tener abrasadora sed, y todo por defender al recién llegado que crecía día a día.

¡Cuántas hambres pasaban todos, menos los jefes, eso era otra cosa! Y en su rebeldía, muchos preguntaban qué había sido de la piara de puercos, ¿dónde estaban? Algunos de los expedicionarios comprendían bien que Cortés nunca permitiría que los soldados mataran algunos para aliviar su hambre, y por respeto al capitán nadie insinuaba la necesidad de sacrificarlos; pero la mayoría de los soldados, notaban la desaparición de muchos animales, y cuando uno de ellos se atrevió a preguntar por qué, el dispensario y mayordomo de Cortés, llamado Guinea, socarronamente le aseguró que "al pasar los ríos se los comían los cocodrilos, los lagartos y los tiburones", pero los expedicionarios adivinaron la burla, pues nadie ignoraba que Guinea siempre venía cuatro jornadas retrazado.

Siguió la travesía, llegando a Tamantepec, fueron siete jornadas terribles, en que no encontraron ni puentes ni canoas para cruzar tantos ríos y esteros, teniendo que comer los soldados hierbas y raíces que casi siempre les causaban enfermedades; además no había caminos y era preciso abrir brechas y senderos con las espadas o con las manos, porque los guías indígenas habían huido.

La columna marchaba sin rumbo, y algunas veces después de caminar y caminar, volvía al mismo punto de partida, creciendo con ello el descontento y las murmuraciones; sólo la energía de Cortés impedía una sublevación.

Fue tanta la angustia de la expedición, que el conquistador se vio obligado a trazar sobre un plano mal dibujado, sin ningún conocimiento y sólo pensando en su buena suerte, el rumbo que se debía seguir, ordenando que el piloto Pedro López con el plano y una brújula abriera camino.

El lugar último en que acamparon estaba desierto, por lo que los ánimos se volvieron a caldear exigiendo el regreso a México. Aquella expedición alcanzaba el carácter de un desastre: muchos hombres habían muerto, muchos enfermos habían sido abandonados en los desiertos, en los bosques, a la orilla de los pantanos o de los ríos.

Pedro López y Bernal Díaz del Castillo, que se le habían unido, iban abriendo paso para más tarde mandarles decir cómo llegar a Temantepec. Allí la Malitzin, con palabras cariñosas, pidió en nombre de Cortés víveres, así como noticias de otros pueblos, por lo que pudieron llegar a Ixcoatepec. De allí se dirigieron a Sinatecpa, para seguir hacia Acullan, donde esperaban curar a sus enfermos y reponer su caballaje.

No tardaron en llegar a Mazacatan, a Taica y los trabajos iban en aumento: ya quedaban pocos supervivientes; y muchos de ellos estaban tan maltrechos y flacos que apenas podían caminar. Pero a pesar de todo, la lucha era desesperada por salvar la vida pues estaban extraviados en medio de un país desconocido, erizado de montañas, cortado por grandes ríos, sembrado de pantanos y lagos traicioneros.

Cuántas veces Cortés tuvo necesidad de salir por las noches con un grupo de sus soldados a sorprender a algún descuidado pueblo y robar todo lo que se pudiera, cacao, aves, maíz; pero como los días pasaban, pronto se terminaba lo hurtado y entonces se comían retoños "aún de éstos se comían pocos, porque ya no teníamos fuerzas para cortarlos". La muerte por todas partes los acechaba, "como único termino de aquella "empresa" acometida por la ignorancia y aconsejada por la ambición."

Cortés, que no tenía noticias de Olid, creyéndolo "alzado y poderoso" al llegar a un gran río, supo que en la otra orilla se había establecido el rebelde, por lo que durante dos días, varios de sus soldados, vigilaban ocultos, hasta que lograron aprehender a cuatro españoles que pescaban en una canoa, sabiendo así que era el pueblo de Gil González de Avila, y que todos los moradores estaban enfermos, miserables, hambrientos y sin esperanza de salir de aquella situación, por lo que Cortés mandó cartas pidiendo le enviaran "canoas y barcos para poder pasar el río."

Tres días después se presentó Diego Nieto llevando una barca y una canoa, no sin peligro, pues se hizo el viaje de noche "estando turbada la corriente, por el viento." Poco después se envió por toda la gente, en canoas atadas de dos en dos, para que no sólo pasaran los miembros de la expedición, sino también los caballos, durando el rescate seis días.

Los vecinos de aquel pueblo que llamaban Nito, eran sesenta hombres y veinte mujeres que había dejado Gonzalo de Avila. Allí la situación se agravó. ¡No había víveres! Pero casualmente llegó hasta allí un navío que iba de las islas, con treinta hombres fuera de la tripulación, trece caballos, sesenta puercos, pan y carne salada. Cortés compró los bastimentos y navío en cuatro mil pesos, y aprovechando los conocimientos de uno de los hombres de la embarcación, llegó a construir un bergantín. Fue allí donde unos indígenas le informaron que no estaba lejos el pueblo de Naco, donde fuera ajusticiado Olid, determinando que Gonzalo de Sandoval se dirigiera allí, por camino de tierra con la gente sana, en tanto que él se quedaba con los enfermos y algunos criados y por lo tanto con la Malitzin y su hijo, todos los cuales embarcarían en el navío que había comprado y en la carabela y bergantín que había fabricado.

Como el capitán llegado de las islas le diera noticias de que subiendo la corriente del río, como a seis días, se encontraban dos golfos de agua dulce y en sus costas había muchos pueblos con abundantes bastimentos, y como Cortés tenía extrema necesidad de alimentos, se dio a buscar esos golfos, para lo que escogió cuarenta españoles de los más sanos y cincuenta indígenas, embarcándose en el bergantín, llevando además cuatro canoas y dos barcos. ¿Iban en el bergantín Malitzin y su pequeño hijo? ¡No hay que dudarlo! ella era la "lengua".

La expedición fue muy feliz. Cortés halló sin trabajos el primer golfo de agua dulce, y navegando por la costa encontró la embocadura de un río que unía a los dos golfos, por lo que halló pronto al segundo, más grande y hermoso que el primero, por lo que Cortés dijo de él: "era un mar de más de treinta leguas, ceñido de espesura y levantadas sierras, y por toda la costa, sembrada de poblaciones y cubiertos los campos de maizales."

Allí desembarcó con Malitzin, su hijo y algunas gentes, y como los pueblos estaban abandonados, durante dos días sólo se comió maíz tierno —elotes— prosiguiendo la marcha hasta llegar a un pueblo grande llamado Chacuyal, donde pudieron proveerse de maíz seco, frijol, cacao, chilli, sal, gallinas, faisanes, perdices y escuintles —perro comestible.

Se les dificultaba mucho llevar provisiones hasta los navíos, ya que el golfo estaba lejos, máxime que carecían de tamemes –cargadores– por lo que algunos prisioneros indígenas le aconsejaron construyeran balsas, cosa que les llevó ocho días. Mientras tanto en la espera, envió Cortés dos españoles a la costa a buscar el bergantín, ordenando que navegara hasta la embocadura del río, como también las canoas y barcas, las que venciendo las corrientes llegaron hasta donde él estaba.

Al término de la construcción de las balsas, volvieron los españoles comisionados para localizar el bergantín, mas tardaron seis días, en subir con la canoa y la barca doce españoles, que debido a la violenta corriente no pudieron abordar las balsas. Cuatro eran las balsas que se cargaron con los víveres, cada una llevaba cuarenta fanegas de maíz, además de frijol, chile y cacao. Diez hombres iban en cada balsa y Cortés se embarcó en una de las canoas con dos ballesteros.

¿Iban allí Malitzin y su hijo? ¡Claro que iba, la "lengua" no podía separarse de su "señor"! Con gran peligro llegó el convoy hasta el bergantín, y tres días después se reunieron los que cupieron en las embarcaciones, haciendo el resto el viaje por tierra.

No tardó Cortés en averiguar por medio de un prisionero, que a sesenta u ochenta leguas estaban las costas del Mar del Sur, donde había gente de Pedro de Alvarado. Cortés no tardó en emprender el viaje, llevándose a toda la gente de Nico, desembarcando más tarde en la bahía de San Andrés, en donde todos se sintieron satisfechos por haber salvado la vida de "tan grandes y largas penalidades."

La tierra era allí tan buena que Cortés fundó una villa, poniéndole por nombre "La Natividad" por haber comenzado a talar su asiento el día de la Natividad de la Virgen. Más tarde llegó a Trujillo encontrando un caos de discordia, en donde los vecinos hicieron queja de los desmanes de los españoles, teniendo necesidad de los servicios de la "lengua" para conseguir la paz entre los indígenas, que debido a las tropelías de los extranjeros estaban en guerra.

Cortés, conseguida la paz, contando con los navíos que llevara y otros que comprara, decidió escribir a los gobernadores que había dejado en Nueva España, así como al rey, enviando navíos a Jamaica y la Trinidad para que le facilitasen bastimentos, caballos, armas y otras cosas, para surtir a las villas que estaban en las costas del Golfo de Honduras.

Mas sucedió que uno de esos navíos despachados a Trinidad, de regreso le llevó una carta del licenciado Zuazo, que había quedado como gobernador en México y que se hallaba desterrado en Cuba. Grande fue el asombro de Cortés y profundo su disgusto al enterarse de que los disturbios de que había tenido noticias en Coatzacoalcos, habían tomado tan grave carácter, que casi era una rebelión que amenazaba se perdiera lo conquistado para España.

Pocos días después llegó otro navío llevando carta del licenciado Zuazo, quien le pedía pusiera pronto eficaz remedio a los desmanes del Factor y Veedor que él enviara a México, por lo que Cortés determinó volverse a la capital abandonando Trujillo y sin importarle que la mayor parte de su gente andaba en expediciones; por lo que Malitzin, su hijo y unos cuantos criados de su casa, se embarcaron en el navío en que llegaran las misivas del licenciado Zuazo.

El día que decidió Cortés emprender el viaje "la mar estaba tranquila y el viento fresco que hinchaba las velas de la embarcación." Se levantaron las anclas y cuando se separaba el barco del puerto, de pronto se desató espantosa tempestad, quedando el navío sin poder dejar el puerto. Dos días estuvieron Cortés y sus acompañantes sin poder dejar el barco, "el viento no volvió y sí llegaron otros acontecimientos que más estorbaron el viaje."

Sucedió que volvieron los disturbios en Trujillo y por ello Cortés tuvo que desembarcar y sin grandes dificultades volvió a conseguir la paz entre los españoles y los indígenas, siendo muy valiosa como siempre la intervención de la "lengua", que dominaba por igual el náhuatl y el maya.

Volvió el tiempo favorable, y ansioso por llegar a Veracruz, decidió embarcarse con todos sus acompañantes, emprendiendo el viaje. Dos leguas habían caminando, cuando repentinamente la antena mayor se quebró, por lo que la nave ya no pudo navegar y fue necesario volver al puerto por segunda vez. Tres días se llevaron las reparaciones, pudiendo Cortés, al fin, embarcarse, y apenas caminarían cincuenta leguas con buen tiempo, dos días y dos noches, cuando se levantó tan recio temporal que apenas pudieron salvarse, y regresar al Puerto de Trujillo por tercera vez. Preocupado por ese aviso que suponía del cielo, mandó decir misas, hacer funciones y procesiones, y pensando que Dios no quería que regresara a la Nueva España, siguió la costa del Mar del Sur, llegando a Guatemala, donde estaba Pedro de Alvarado. Estando en Trujillo tuvo noticias de que otro de los navíos enviado a las islas había naufragado, ahogándose casi todos, entre ellos Juan de Avalos, su pariente y dos frailes franciscanos, y los que pudieron salvarse fueron a refugiarse a los bosques, donde casi todos murieron de hambre, pues de ochenta personas sólo se salvaron ocho.

Cortés, sentado, tiene a su vera a Malintzin. Recibe a varios capitanes aztecas que se rindieron a los españoles. Podría tratarse de la representación de la rendición de Tenochtitlán, dados los ornamentos lujosos de los personajes. Un capitán español (ángulo superior derecho) conversa con varias damas indígenas presumiblemente nobles. El soldado que jamás se separaba de Malintzin, su guardián permanente, aparece detrás de ella con un guajolote (pavo) en los brazos.

Los disturbios, los grandes trabajos que había sufrido, y quizá hasta las influencias de los climas, produjeron a Cortés peligrosa enfermedad. Estaba tan débil debido a las hambres padecidas y a las fatigas del viaje, que llegó a verse tan grave que estuvo a punto de morir, y fue tanta su postración que apenas podía montar a caballo, estando completamente inconocible por lo demacrado y pálido.

Gonzalo de Sandoval, que andaba separado de Cortés debido a conquistas y pacificaciones, al saber lo que estaba pasando en la Nueva España se dirigió a Trujillo para hablar con Cortés, pidiéndole que volviera cuanto antes a México. Cada día llegaban más noticias alarmantes desde la capital del reino, por lo que Gonzalo de Sandoval, Pedro Saucedo y Fray Juan de Barillas insistían en que se embarcara, pero el extrameño, preocupado por los aciagos acontecimientos que impedían su viaje, se negaba a ello. Desesperado Gonzalo de Sandoval de las largas que aducía Cortés, se fue a Olancho.

Poco tiempo de haber salido Sandoval de Trujillo, llegó a la playa de Honduras un navío conduciendo a Fray de Altamira, su pariente, enviado por los frailes franciscanos de México en busca de Cortés y encargado de rogarle que cuanto antes llegara a la Nueva España, por lo que se dispuso a regresar, siendo necesario avisarle a Gonzalo de Sandoval que andaba por Olancho, quien al saberlo caminó día y noche remudando caballos, por lo que llegó rápidamente a Trujillo.

Después de dar sus últimas disposiciones, Cortés se confesó con Juan de Barillas, comulgando devotamente, pues estaba tan enfermo que temió morir por el camino, embarcándose con Malitzin, su hijo, amigos y servidores, acompañándolos otros dos navíos en los que iban muchos españoles de expedición, y con buen viento se dieron a la vela, dejando Trujillo el 25 de abril de 1526.

Navegaban los navíos a ciento treinta leguas de Medellín, y Cortés se creía a salvo, pisando playas veracruzanas, cuando se levantó una terrible tormenta, soplando los vientos del norte con tal violencia que "el temor de que los navíos se estrellaran sobre las rocas y la dificultad de navegar contra el huracán, hizo que cambiaran la ruta, por lo que en vez de llegar a las costas de México, arribaron a la Habana. No pudiendo ya contrariar al destino, que parecía empeñado de apartar a Cortés de la Nueva España, el conquistador y los que le acompañaban desembarcaron en la isla de Cuba, esperando mejor tiempo,

¿Este hecho furtuito despertó en Malitzin, gratos recuerdos hacía tiempo adormecidos? ¿No recordaría en esas tierras a Hernando Hernández Portocarrero quien tanto la quisiera? ¿Acaso llegó a pensar que si Cortés no le hubiera enviado a España donde murió, aún viviría a su lado feliz? Mas por desgracia el destino le había marcado una senda de dolor que le obligó a presenciar los más atroces crímenes, las más crueles bajezas. ¿Por qué Grijalva, que la tuvo en sus brazos por primera vez, no la amparó? ¡Qué lejos quedaba su tierra tan llena de flores y fragancias, tan cálida y tan bella!

Y al llegar a tal punto sus recuerdos, tal vez las pupilas se le enturbiaron, pues de su mente aún no se borraba el apuesto don Hernando de Hernández Portocarrero que tanto la amó. Con qué delicadeza la trató, y sobre todo, ¿cómo olvidar ese rasgo tan humano de no dejarla abandonada en suelo extraño, pidiéndole a Cortés permitirle no separarse de ella? ¡Cómo no recordarlo!

Aquel gran señor la quiso, la quiso, después ya no fue la amante de tan noble caballero, sino la "barragana", el capricho de un hombre mujeriego, egoísta y carente de escrúpulos, que le había dado un hijo no deseado.

Así representan en el Lienzo de Tlaxcala la matanza de Cholula. Aunque Malintzin aparece de pie a la derecha como animando a los conquistadores a proseguir su tarea criminal, la verdad es que debió sentirse consternada ante la muerte de sus hermanos.

Cortés descansó cinco días en la Habana. Los vecinos lo habían recibido jubilosamente, alojándolo lo mejor que pudieron. El triunfador debió de recordar tiempo atrás cuando salió de la isla casi como un pirata, huyendo de Diego de Velázquez en el año de 1519, y a donde volvía después de siete años, cubierto de gloria.

Al otro día de la entrada de Cortés a la Habana llegó un navío, y después otros dos, llevando noticias de la Nueva España, que sosegaron su ánimo, permitiéndole descansar tranquilamente. Cuando habían pasado cinco días, compró otros dos navíos y empezó a organizar la idea de algunos hombres que deseaban llegar al continente del que habían oído hablar tantas maravillas. Tal vez mientras el navío se dirigía a Veracruz, el conquistador hiciera un balance de los resultados de su expedición. ¿Qué se había obtenido de ella?

"Estéril sacrificio de vidas, de hombres y de recursos para atravesar extensas extensiones de tierras desconocidas, combates sangrientos por la posesión de esas tierras que después había que dejar, discordias, perturbaciones, guerra civil, el despojo de unos españoles contra otros, persecuciones, ajusticiamientos, tiranías; en una palabra, el desorden más completo".

Y Cortés, al hacer el balance de la desastrosa expedición, tuvo tristes presentimientos. Antes de la expedición todo había sido a su favor; parecía que la suerte y la fortuna sólo existían para él. El había sido el único dueño y gobernante del Nuevo Mundo; pero con temor pensó si no habría sido una amarga medida el haber dejado la capital de ese maravilloso reino, pues por las noticias que había recibido y que habían sido muchas, comprendió que su error había sido el permitir que el poder público quedara en manos de cualquier intrigante y audaz vividor, poniendo en peligro la existencia de la colonia y, con ello, su obra ¡su obra que tantos sacrificios le había costado!

Dos días después de salir de Cuba, llegaron a Medellín, donde se anclaron los navíos, permitiendo que el conquistador y sus acompañantes pudieran saltar a tierra. Grande debió ser la satisfacción de Malitzin al pisar la tierra que la viera nacer; y sobre todo, ya no estaba sola, llegaba acompañada de su pequeño hijo de escasos meses de vida, que ya empezaba a dar sus primeros pasos y que balbucía trabajosamente "mamá". Ella llegaba más mujer, ondulantes era sus formas y había más luz en sus negros ojos.

Al dejar el navío, elevó tal vez a su hijo diciéndole con murmullos de viento:

—¡Mira pequeño, mira qué linda es esta la tierra que besa el mar! Es esta tierra la que te vio nacer, porque aunque naciste en un lugar alejado, eres meshica, aunque tu padre sea español!

Y el pequeño Martín Cortés debió haber mirado con sus grandes ojos el mar y las palmeras que, al moverse, parecían darle la bienvenida. Y el hijo mestizo escuchó las dulces palabras de su madre, que aunque no entendía, eran dulces como la miel. Cuantas veces ella, contra su voluntad, tenía que evitar hablarle al hijo en náhuatl o maya, porque su padre ordenó que sólo se le hablara en castellano, ya que el pequeño Martín Cortés debía ser nada más hijo de español, y aunque a la madre indígena le doliera tal cosa, resignada acató el mandato del "amo" y "señor".

Cortés pudo al fin dejar el navío, y seguido de Malitzin, su hijo, sus amigos y veinte soldados. ¡Cuánto le había costado a Cortés, no oír consejos de amigos y desobedecer a su soberano quien le pidió no emprendiera esa expedición, y a quien le ocultó su intento cuidadosamente! Mas por desgracia, desde que pisara tierras mexicanas "Cortés estuvo sujeto a las alternativas del poder y la desgracia; bajó del pedestal de admiración y de prestigio en que le miraban colocado hasta sus mismos enemigos, y el germen de la revolución brotó por la primera vez, poniendo en peligro la existencia de la colonia".

Así "desde el día que Cortés salió de México para las Hibueras empezó a contarse una nueva era en la vida del conquistador y en la de la Colonia. Hasta ese día fue Cortés el gobernador único de la Nueva España, y el único gobernante, con facultades absolutas, por lo que era respetado o temido por todos". Pero como en esta vida nada es eterno, y "si se siembran vientos, se recogen tempestades", no tardó Cortés en sufrir el descenso, que siempre es muy doloroso.

Era el día de Corpus Cristi, 31 de mayo de 1526; se hallaban los gobernadores con el Ayuntamiento, y en los momentos de salir de la iglesia todos con la procesión, se acercó a ellos Martín Arto con una Carta en que Cortés avisaba su llegada al puerto de Veracruz, y que presto se pondría en marcha para México.

Publicóse la noticia por bando, y grande fue el regocijo de los habitantes de la ciudad porteña, preparándose a recibirlo, por lo que el Cabildo acordó el primero de junio se dieran doce pesos de oro por "albricias" al que había traído a México tan buena noticia. Cortés, después de varios días de camino, llegó a Medellín, en donde anclaron los navíos, saltando a tierra el conquistador con sus amigos, y veinte soldados, comenzando a caminar hasta encontrar unos caballos que llevaban pasajeros a Veracruz.

Cortés, cabalgando en uno de esos animales, llegó al puerto antes de que amaneciera. La Iglesia de la Villa estaba abierta, entrando en ella Cortés y los que le acompañaban, llegando poco después el sacristán que era recién venido de Castilla, España, quien mirando tanta gente extraña y armada dentro de la Iglesia, se espantó y salió dando voces y llamando a la Justicia, y a los vecinos, pidiendo a gritos auxilio porque la Iglesia estaba llena de gente sospechosa.

Albotáronse los vecinos y salieron el Alcalde Mayor, los Alcaldes Ordinarios y los alguaciles, todos armados y en son de guerra, y se fueron para la iglesia a donde entraron de repente y en tropel, mandando con gran enojo que salieran los que allí estaban. Tan flaco e inconocible estaba Cortés, que tardaron mucho los alcaldes y vecinos en cerciorarse quien era; pero reconocieron de pronto a Fray Juan de Barillas, y a otros de los que allí venían, por lo que comprendieron que era Hernán Cortés, y cambiando inmediatamente la escena, arrojaron las armas, atropellándose por llegar a estrecharlo entre sus brazos y besarle las manos.

Profundamente conmovido abrazaba Cortés a todos y los llamaba por sus nombres diciéndoles muchas palabras cariñosas. Se dijo en seguida la misa para después llevarle a aposentar a la casa de Pedro Moreno, comenzando las fiestas y regocijos. Cortés escribió inmediatamente a los Gobernadores notificándoles su llegada, y después de haber descansado doce días, salió para México, acompañado de una multitud de personas que habían llegado presurosas a encontrarle.

El camino de Cortés a México fue una verdadera marcha triunfal; por todas partes salían a encontrarle los naturales del país, llevándole regalos de joyas de oro, mantas y ropas de pluma y algodón, gallinas y frutas de todas clases; limpiaban y aderezaban el camino, regaban de flores, y a la entrada de los pueblos salían músicas y danzantes a recibirle. Extremáronse y se distinguieron en aquellas manifestaciones los habitantes de Tlaxcalla y Tezcoco. Al llegar a esta última población, presentose a Cortés el contador Albornoz, con una grande y lucida comitiva de españoles establecidos en los alrededores de México, y dos leguas antes de llegar a México, el Tesorero y el Ayuntamiento y todos los conquistadores y vecinos fueron a su encuentro montados en soberbios caballos, ricamente enjaezados y magníficamente vestidos.

Acompañando a aquella cabalgata brillante, iban muchos caciques de México y Michoacán con numeroso acompañamiento, ostentando los más fantásticos trajes usados por los naturales de la tierra y una multitud de músicos españoles e indígenas. No tardó en llenarse de canoas la laguna en que indígenas armados simulaban un gran combate, y por todas partes aparecían grandes comparsas de meshicas ejecutando complicados y difíciles bailes y danzas. Durante el día no cesaron los regocijos y diversiones, y por la noche todas las casas se iluminaron y se encendieron grandes fogatas en las calles y plazas.

Al día siguiente, los franciscanos hicieron una solemne función y una gran procesión en acción de gracias por la llegada de Cortés, y el 21 de junio, en el mismo monasterio de San Francisco, celebróse un Cabildo al cual asistió el capitán y recibió de manos de los alcaldes nombrados por Salazar y Chirinos, la vara de la justicia; además se reconoció a los nuevos nombrados, anulando en el Cabildo del día 26, las mercedes de solares concedidas durante el gobierno de aquellos funcionarios.

Risa debe de haberle causado a Cortés el enterarse de que las malas lenguas aseguraban que él había muerto en la travesía de vuelta de la Hibueras a Medellín, y que su cadáver había sido arrojado al agua envuelto en un serón.

Llegado Cortés a México, se retiró a vivir al monasterio de San Francisco en busca del consuelo de sus grandes amigos, deseando también que le guiaran acertadamente para que las cosas volvieran a la normalidad, y se castigara a los culpables, dando así satisfacción a los injustamente ofendidos. Con objeto de castigar los delitos de Salazar y Chirinos, nombró Cortés a Alonso de Grado por su Apoderado y Visitador, tal vez influyó en ese nombramiento el que ese capitán era esposo de la hija de Moctezuma Xocoyotzin, matrimonio impuesto por él.

Pero esa elección fue desafortunada, ya que el conquistador bien sabía que era hombre díscolo, turbulento, llevado de interés y verdaderamente nocivo en donde quiera que se encontrara. Ya Cortés le había tenido preso y engrillado, y es más, después de la conquista de Chiapas, Luis Marín también le apresó con grillos y cadenas, enviándolo a México, en donde Bernal Díaz del Castillo refiere que al llegar, Cortés le dijo: "Cómo, señor Alonso de Grado, que no podéis caber en una ni en otra parte. Lo que ruego modereis esa mala conducta, si no en verdad que os enviaré a la Isla de Cuba, aunque deba daros tres mil pesos, porque no os puedo sufrir"

Y mientras esto sucedía, Juan Jaramillo, Malitzin y Martín, el hijo de Cortés, se establecían en una casona construida para ellos en un solar que estaba frente al Templo de Jesús María. El matrimonio era rico, pues Cortés, cuando sorpresivamente la casó, le dio como dote los pueblos de Olutla y Tequipase, de la provincia de Coatzacoalco, además de favorecer al esposo con honores. Tal vez en esa casa Juan Jaramillo, creyendo que definitivamente el 21 de junio la "lengua" se desligaba totalmente del conquistador, y que éste ya no la buscaría, sintiera menos desprecio por Malitzin, llegando a desearla, ya que la "esposa" era joven, apenas 21 años de edad, y hermosa y atractiva, pues la maternidad había afirmado sus formas de mujer.

Los aguerridos españoles no sabían de palabras poéticas ni caricias suaves; ellos eran a la hora de la posesión hombres "con imperio de machos potentes, poniendo a la mujer en tierra, como el leñador al árbol caído, que luego desrama, hincándose en él". Así era Juan Jaramillo, así tuvo que ser cuando deseoso buscó a Malitzin, sin importarle saber si lo recibía con amor o lo aceptaba como obligación.

Y de ese momento tan parecido al de Cortés, nació en abril o meses después del año de 1527, una niña, que llevaría el nombre de María Jaramillo, hija de Malitzin. Pasados los primeros días de nacido su segundo vástago, la madre quiso darle aya a su hija, escogiendo entre las princesas indígenas, jóvenes y cultas; mas el esposo ordenó que no fuera así, pues su hija tenía que ser española, sólo española en todo. Malitzin, al oírle vociferar, no protestó, pero le dolió mucho la actitud del padre de su hija: a él no le había importado el que a su hijo Martín le cuidara una "india"; pero a la hija que llevaba su sangre ¡Jamás!

A María Jaramillo se le buscó una aya española recién llegada de la Madre Patria, que decía llamarse Catalina de Olid, y aseguraba ser pariente del capitán Cristóbal de Olid.

A pesar de los grandes problemas surgidos en la vida de la ciudad, la familia Jaramillo estrenaba casa en la calle Real.

La nueva casa era de hombre rico: casona de dos pisos, portón de labrado cedro con grandes clavos de plata, barandales de hierro forjado. Abajo, las caballerizas y cuartos de servicio, arriba las grandes salas y alcobas, amuebladas con pesados muebles de finas maderas, pisos alfombrados, y en puertas y ventanas finísimas colgaduras.

Juan Jaramillo: gracias a los favores de Cortés, presumía de honores y nobleza; a tal grado se creía gran señor, que la calle que habitaba perdió el nombre del Real tomando el de Juan Jaramillo. Frente a la iglesia de Santo Domingo, en la actual calle de República de Cuba, en una casa estilo colonial, hay una placa recordatoria que dice: "Según tradición, aquí estuvo la casa de la Malinche y su marido Juan Jaramillo. 1527. Catálogo de la Inspección General de Monumentos Artísticos e Históricos".

Aunque la placa no proporciona mayores datos, es necesario dar a conocer el paulatino cambio de nombres que ha sufrido esta calle. En la traza de la primera ciudad, llevó el nombre de Calle del Real, perdiendo después ese nombre para ser conocida como Calle de Juan Jaramillo, cambiándosele más tarde por el de Calle de Medinas. Actualmente se le conoce por República de Cuba.

En esa casa fueron a vivir bajo el mismo techo, Juan Jaramillo, Malitzin, Martín el bastardo y la pequeña María. La nueva casa era más amplia que la anterior, aquella de Jesús María, terrenos que Cortés había dado a Jaramillo, como capitán de bergantín, cuando se repartieran los terrenos, tocándole a él una calle atrás del Palacio de Moctezuma Xocoyotzin en la que había edificado un hermoso palacio un noble meshica. La casa del capitán había sido una de las primeras edificadas en tierras de la Gran Tenochtitlan; era una casa triste como la misma ciudad, habitada por gente que no tenía la sensibilidad de los vencidos, ni la suficiente cultura para levantar mansiones con terrados llenos de flores, ni blanqueadas como alegres palomas ¡No! las casas de los nuevos habitantes eran grises, tristes, como temerosas de estar sobre tierras ensangrentadas.

Eran casas edificadas sobre las ruinas de la Gran Tenochtitlan. Se removieron los escombros de los derrumbados palacios y templos, y se edificaron los nuevos cimientos aprovechando los mismos materiales. Malitzin estuvo presente en la "traza", y después en el reparto de los solares que rodeaban la Plaza Principal, dándoselos Cortés a sus capitanes y a su gente, quedándose el conquistador con los palacios de Moctezuma.

Algunos edificaron sus casas almenadas y defendidas por puertas, torres y bastiones. Y no faltó la picota y el garrote. Si Cortés tenía los hermosos palacios, Alvarado, el presumido y cruel Alvarado, construyó una casa con cuatro torres. Ella, cuando no sospechaba aún que su destino la llevaría al lado de Jaramillo, presenció la construcción de la casa de Jesús María en los últimos meses de 1525, sencilla, sin torreones ni alardes de riqueza.

También presenció cómo los dueños de esa tierra, los pobres y vencidos, levantaban sus casuchas de carrizo, con techos de ramas de árboles o pencas de maguey, en las tierras colindantes con las aguas del lago, y entre ese mísero suelo de indios, las ermitas de los primeros religiosos, consagradas a sus santos, rematando algunas con almenas y modestos campanarios.

Pero esa segunda casa había sido edificada en los primeros meses de 1527, con acta de Cabildo de 27 de octubre, en la que se asentaba que Juan Jaramillo había construido casa en un solar comprado el ocho de marzo del mismo año.

La situación económica del matrimonio era inmejorable. Juan Jaramillo vivía holgadamente, ya que de oscuro soldado había llegado a respetado hombre que "ostentaba muchas armas y muchos caballos". Pero por desgracia en esa naciente sociedad, todo se sabía, por lo que nadie ignoraba cual había sido la causa de esa pródiga fortuna, murmurando que los ricos pueblos de Jilotepec en México, y los de Olutla y Tequispane en Coatzacoalcos, habían sido obsequiados por Cortés a doña Marina.

El nuevo techo que cobijaba a Malitzin, a su hijo Martín y a su pequeña hija María, era hermoso y acogedor y más ostentoso que el de Jesús María, indicando con ello que era inmejorable la situación económica del matrimonio. Pero aquella nueva forma de vida influyó negativamente en el carácter del dueño de la casa, porque el respetado Regidor Jaramillo le dio por el lujo y la vanidad.

No tardó mucho en dejar atrás el tosco traje de soldado conquistador, para empezar a usar ropa fina, cadenas y hebillas de oro, armadura de repujado acero, arnés de plata y no pocas veces lucía terriblemente erguido una armadura igual a la de Hernán Cortés, al estilo de Carlos V. Para sus lujos de hombre rico, recurrió a los trabajos de Juan Brisca, sastre venido con Cortés, o a Martín Mendoza, llegado con Pánfilo de Narvaez, además del zapatero Pedro Nájera y el calcetero Ponce de León, ya que sus paños venían de ultramar, de Milán, Flandes o Toledo.

Cuando llegaban de España los barcos cargados de brocados, sedas, sedalinas, tafetanes, él era uno de los más espléndidos compradores aunque la compañera no gustara de esas maravillosas telas, ya que ella aseguraba que jamás cambiaría su vestimenta tan bella, confeccionada con fina manta y regiamente bordada, y que la hacía sentirse verdadera mujer de su pueblo.

A Juan Jaramillo aquello no le importaba, la riqueza le pertenecía a ella; pero él la disfrutaba, y la disfrutaba bien. Sus arcas estaban llenas de tejos y barras de oro, bolsas llenas de polvo de oro y plata, y sobre todo, guardaba gran cantidad de monedas que habían traído los conquistadores: castellanos, doblones, ducados, escudos de oro o coronas, la dobla y la blanca; además de las monedas nacidas en la Colonia: peso de oro, peso de oro de minas, peso de oro ensayado, peso de oro común y el peso de oro de tepuzque. Además había hecho acopio de numerosas y valiosas joyas robadas a los vencidos.

Por todo eso Juan Jaramillo se sentía un sultán moro; su mirada era altiva y dura de orgullo; su misma riqueza le dio encono de soberbia, haciendo lucir enhiesto su porte, todo ello causado por su riqueza que le marcara en tal forma que acabó por vivir desordenadamente, volviéndose amigo de deleites, juegos y comidas. Cuando salía a recorrer las calles de la ciudad montado en precioso alazán enjaezado de oro y plata, era más despótico, más violento, más cruel.

Y lo más triste de este cambio era que, sintiéndose hombre superior, despreciaba a la esposa, y a los hijos de ella por ser mestizos. Si toleraba a la indígena, dueña de todo, era porque el tenerla a ella y a sus hijos en su casa le redituaba grandes ganancias, era un magnífico negocio de grandes proporciones. Por ello los pequeños seres vivían aislados, careciendo del cariño del dueño de la casa, contando sólo con el amparo de su joven madre y los cuidados de sus ayas.

A pesar de esa vida cruel e injusta, Malitzin nunca se quejaba, nunca pedía nada, nunca protestaba. La mujer madre sabía bien que a su "esposo" el dinero le había trastornado, ocasionando que fácilmente se le subieran los bríos y se le alborotaran los ímpetus. Su despierta inteligencia le hizo captar el desprecio que esa nueva sociedad formada con las familias de los viejos conquistadores, sentía por su raza. Ella sabía que en el fondo estaba llena de lacras; y sin embargo, sus miembros sentíanse impecables cristianos con derecho a juzgar los errores de los demás. Por eso, sólo por eso, envidiosos de la prosperidad de Jaramillo, repetían y difundían en todo momento que los grandes humos del gran señor, se debían a que Hernán Cortés daba abundantes bienes a su antigua barragana, madre de un hijo suyo, y que el tal Juan Jaramillo lo único que hacía era derrochar lo que no le correspondía, pues siendo un oscuro soldado, había llegado por torcidos vericuetos a Alcalde Ordinario, sintiéndose veedor.

Una mañana llena de sol, tras los vidrios de su alcoba espiaba el día. Frente a su nueva casa, elevaba su austera mole, el Templo de Santo Domingo, que ella a diario gustaba ver: las paredes de calicanto, la acequia de agua de la laguna, la plazoleta por donde discurrían las beatas vestidas de negro tocadas con finas mantillas, que presurosas desaparecían por la puerta abierta de la iglesia.

Lo que a ella más le llamaba la atención, eran las hermosas huertas que rodeaban la iglesia de los dominicos llegados a la Nueva España el 24 de junio de 1526, casi al mismo tiempo que los que habían acompañado a Cortés en su viaje a las Hibueras. A ella le gustaba mucho observar desde el interior de su casona, el ir y venir de los frailes llegados de la Provincia de Santa Cruz, de la isla española. Uno de los reverendos le había informado que la hermosa portada había sido diseñada de la misma manera que la del famoso Convento e iglesia de San Lorenzo el Real, del Escorial.

Esa mañana estaba tan absorta mirando a las castellanas y su séquito de sirvientes, que no sintió la llegada de su "esposo", que cerca de ella, con voz de trueno, gritó:

– ¡Marina!

La joven mujer volvió el rostro sosprendida; frente a ella estaba el español que la miraba con el ceño fruncido y odio en los ojos, lo que le hizo comprender al instante que iba a estallar una tormentosa discusión, de las que por desgracia eran frecuentes. Juan Jaramillo llevaba en la mano un amatl —papel de maguey— que furioso agitaba.

—Señora, ¿sabéis vos lo que es esto? preguntó colérico.

Malitzin, como otras veces, guardó silencio.

—¿No quereis saberlo? ¡Pues mirad!

Y ante los ojos de la joven mujer extendió un dibujo de trazos indígenas.

Malitzin lo observó silenciosa; pero sus labios siguieron cerrados.

—¡Toma! —le dijo furioso— ¡mira qué dicen de ti!

Ella tomó el papel, y el hombre salió de la alcoba pisando fuerte.

Malitzin observó el dibujo. Allí estaba representada, luciendo hupilli y cueyetl bordados, allí estaba sujetando entre sus manos tosco rosario de grandes cuentas, y a su lado Cortés con elegante indumentaria española. La mujer miró atentamente el dibujo. Si se le hubiera pintado tiempo atrás, antes de su viaje a las Hibueras, no hubiera sido motivo de desprestigio, pues estaban acostumbrados a que la "lengua" siempre apareciera al lado de su "amo" y "Señor". ¿Pero por qué ese dibujo, cuando todos sabían que estaba legalmente casada, viviendo al lado de su esposo?

Después de meditar en el perspicaz dibujo, ella, que era inteligente, al instante captó todo el veneno encerrado. Y quién la denigraba era un hombre de su raza. ¡Razón tenía el esposo en encolerizarse! Juan Jaramillo, como casi todos los habitantes de la Nueva España, sabían que a pesar de que ya no eran necesarios los servicios de la "lengua", Cortés la seguía buscando para saciar sus caprichos, sin importarle el "honor" ofendido del esposo, aunque al soldado de fortuna, en verdad, nada le importaba tal cosa. La pintura dolorosamente interpretada seguía en sus manos. ¡Cuanto odio manifestaba el artista! El rosario de grandes cuentas parecía gritar a todos los vientos el pecado de infidelidad; grave pecado que sus dioses castigaban con la muerte, y el nuevo dios con las llamas del infierno. Obsesionada miraba y miraba el rosario que parecía querer proclamar el sacrilegio hecho al "santo sacramento del matrimonio", aunque ese matrimonio fuera impuesto por su "amo", y a ese "amo" nada le importaba respetarlo.

El pintor indígena no la había calumniado. Pero mucho daño le hacía, ya que esa sociedad que no la admitía, estaría haciendo mofa de su desgracia. A nadie le iba a importar que fuera el házme reír de hombres y mujeres españolas e indígenas ¡Nadie iba a defenderla, a pesar de que esa sociedad, la que se creía de nobleza castellana, mucho le debía! Y los suyos, sus hermanos de raza ¿qué pensarían de la aborrecida Malinche?

Pero españoles e indígenas no sabían que por su hijo, despectivamente llamado "el bastardo", aceptaba satisfacer los caprichos de su padre, ya que cada vez que ella intentaba rehuirle la amenazaba con quitarle a su hijo, y que cuando menos lo pensara, Martín Cortés iría navegando camino de España, donde nunca lo encontraría. ¡Y porque ella bien sabía lo cruel que era Cortés, seguía sumisa y obediente! ¡A ella nada ni nadie la separaría de su amado hijo! ¡Aunque hablara la gente!

Qué lejos quedaba el recuerdo de la limpia Tenochtitlan. La belleza de sus templos y palacios y la limpieza de sus moradores era tan legendario, su existencia que parecía una leyenda. Todo aquello, majestuoso y hermoso, quedaba muy atrás, pues por las nuevas calles transitaban españoles e indios sucios y apestosos; unos paseando sus costosas indumentarias que no sabrían nunca de agua y jabón, y los indios sudorosos, cargando los materiales de construcción para las nuevas casas, templos, conventos, otros las canastas de comestibles y leñas para el servicio de los conquistadores, algunos la hierba para sus caballos; y entre toda esa gente, los frailes, con sus hábitos de franciscanos y dominicos.

Surgió la vida monótona de los habitantes de la nueva ciudad: levantarse con el alba al oír el tañer de las campanas católicas, asistir a la misa por las mañanas; desayunar con espumoso chocolate y ricos bizcochillos; comer pasado el medio día, caldo, arroz con pollo, el puchero, alubias con morcillas, embutidos y cien cosas traídas de España; dormir la siesta, merendar al caer la noche, y luego el silencio, la oscuridad.

En no pocas casas de los nuevos ricos, se jugaba a los naipes, bebiendo el mejor viñillo legado de la Madre Patria, y sobre todo, la diversión favorita de los muy machos españoles: las mujeres castellanas al igual que las indígenas. Poco a poco la vida de la Colonia se volvió bulliciosa y bullanguera. Surgieron por doquier festividades religiosas, corridas de toros, verbenas en las que se multiplicaban los naipes y los vinos, y grandes saraos. Las familias, que siempre habían sido pobres allá en su patria, y que gracias a la conquista ahora eran poderosas y ricas, trataban de deslumbrarse mutuamente. Las esposas y familiares de encomenderos y militares eran las que más empeño tenían en lucir costosas galas y valiosas joyas. Solo Malitzin seguía vistiendo su sencillo huipilli y su cueyetl a pesar de que era rica, muy rica; pero nadie la admitía en sus casas. Cuando llegaba a salir, rompiendo su soledad, aquellas orgullosas mujeres desviaban la mirada, y cuando iba a efectuarse alguna fiesta en elegante casa, nadie llegaba a llevarle la invitación. ¡A ella nadie la quería!

Los de su raza la consideraban traidora a sus dioses, a sus reyes y a sus hermanos. Los españoles la despreciaban, porque no era más que la barragana de Cortés, una despreciable prostituta indígena.

En aquel nuevo mundo que ella había ayudado a forjar, empezaban a multiplicarse las suntuosos banquetes, las bodas espectaculares, los elegantes bautizos, de los que ella era totalmente excluida. Cuando pensaba en esa deslumbrante vida social, se refugiaba decepcionada en cualquier rincón de su hermosa casona y cerrando los párpados surgían en su imaginación los suntuosos salones de gruesas alfombras, de tendidos tapices bordados, luciendo profusión de grandes arañas de bronce, colgadas de las imponentes vigas de cedro y por doquier diseminados recios muebles labrados y gigantescos espejos de marcos encrespados donde se miraban las altivas damas, agitando suavemente sus abanicos de varillas y mangos de marfil, al tiempo que tintineaban los regios brazaletes, cuyas gemas fulguraban en los brazos desnudos.

¿Y los grandes banquetes? En los inmensos comedores colmados de riquezas y de fragancias, eran servidas a los invitados suculentas viandas en vajillas de plata. Cuántas veces, lejos su esposo con el pretexto de ir a vigilar sus encomiendas, dormidos ya sus pequeños hijos, furtivamente dejó su casa y seguida de fieles servidores se dirigió a la casa del sarao, sólo para admirar los salones iluminados, y recrearse los ojos al través de los balcones abiertos, al ver reflejadas en los inmensos espejos a las altivas damas envueltas en sedas y magníficamente enjoyadas, danzando con elegancia. Y cuando silenciosa y entristecida volvía a su casona, aún oía el murmullo de las voces, los acordes de la orquesta, y su sangre joven le hizo preguntarse ¿por qué la excluían injustamente de ese mundo que ella había ayudado a crear? ¿Acaso no había sido la india Malitzin el elemento más importante en la conquista? ¿No habían pensado los que la despreciaban, qué hubiera hecho el audaz español sin su colaboración? ¿Por qué trataban de ignorar que el gran tesoro que habían dado a España y a su rey, se lo debían a ella?

Malitzin, sintiéndose vencida, saboreaba toda su amargura al lado de sus dos hijos, mitad españoles y mitad indígenas, dueños de hermosos ojos y negro cabello. Y mirándolos dormidos apaciblemente, se desvanecían sus anhelos de juventud y tal vez –¿por qué no?– de venganza.

La Nueva España estaba tranquila, mas al poco tiempo de la vuelta de Cortés de las Hibueras, una mañana cuando comulgaba en San Francisco, le llegó de Veracruz una carta de Gregorio de Villalobos, informándole que había llegado un navío en que venía como juez, para formarle residencia, el licenciado Luis Ponce de León. Terrible disgusto causó al conquistador tal noticia, por más que trató de disimular sus enojo, dando a entender que deseaba ese juicio de residencia, para poner en claro los grandes servicios que había prestado al rey.

Cabe aquí explicar lo que era un Juicio de Residencia. En España, cuando una autoridad dejaba su cargo, se le mantenía durante un año en su residencia, para que todo el que se creyera con derecho a presentar queja alguna en su contra, aunque fuera particular, lo hiciera y así pudiera el ex funcionario ser juzgado por el rey o por su representante. El emperador no hacía mucho que había enviado a Cortés nombramiento de Gobernador y Capitán General de la Nueva España, y una carta en que se daba por muy satisfecho de sus servicios y fidelidad; mas la envidia y el rencor no dejaban quietos a los enemigos de Cortés, procurando destruirlo.

Les ayudaba también despechado e incansable, don Juan Rodríguez y Fonseca, quien le tenía mala voluntad a causa del terrible golpe a su prestigio y amor propio, al rechazar Cortés por esposa a su sobrina Petronila de Fonseca. Pánfilo de Narváes y Cristóbal de Tapia, asusados por Fonseca y ayudados por sus amigos en la corte, aprovechando que el ánimo del emperador era desfavorable a Cortés por los malos informes y chismes que desde México le escribieran Estrada y Albornoz, Salazar y Chirinos, consiguieron arrancar un acuerdo que pudo ser golpe de muerte para Cortés.

Pero en los grandes momentos de los hombres surge casi siempre una mano amiga; asi sucedió con Cortés, pues fray Pedro Melgarejo de Urrea supo las providencias que se habían tomado en su contra y ayudado del licenciado Núñez y amparados ambos por don Alvaro de Zúñiga, duque de Béjar, con cuya sobrina, doña Juana de Béjar, había concertado matrimonio Cortés, lograron aplacar el ánimo del emperador.

Llegó en ese tiempo, Diego de Soto, llevando sesenta mil castellanos de oro. "Fue, a decir verdad, como asienta Gómora, lo que hizo que no le quitase la gobernación, sino que sólo le enviase un juez de residencia". Se nombró para ese cargo al licenciado Ponce de León, quien llegó acompañado de Diego Hernández de Proaño y fray Tomás Ortiz, dominico, además de otros doce religiosos de esa orden y el licenciado Marcos de Aguilar.

Se embarcó Ponce de León y los que lo acompañaban el 2 de febrero de 1526 en Salucar de Barrameda, llegando hasta el 2 de julio debido a que se fueron deteniendo en las islas. Luego que recibió la carta, Cortés les preparó gran recibimiento, mandando aderezar los caminos de Veracruz que conducían a México, pero los enemigos de Cortés le dijeron a tal señor, que a lo mejor el conquistador le había preparado una celada para matarlo, o aprovecharía cuando menos el tiempo para dar muerte a Chirinos y Salazar; por lo que Ponce de León apresuró su viaje cambiando su ruta, mandándole noticia a Cortés de que llegaría a Iztapalapa —lugar de pedernal rojo donde se creó el fuego.

Cortés ordenó que lo obsequiaran con un gran banquete. Mas

sucedió que enfermaron los licenciados Luis Ponce de León y Marcos de Aguilar. Y también enfermaron todos los que venían con él, acabando por morir el licenciado Ponce de León, sin que supieran de qué los doctores Pedro López y Cristóbal de Ojeda y otro médico que venían acompañándolo desde España.

Además murieron con diferencia de pocos días los frailes dominicos que había traído a la Nueva España fray Tomás Ortiz, debiendo volver a la Madre Patria en busca de otros religiosos. Con este lamentable suceso, los enemigos de Cortés y la gente en general murmuraron que el licenciado Ponce de León había sido envenenado por el conquistador, porque éste venía resuelto a considerar culpable a Cortés y a otras personas a todos los cuales pensaba aprehender y matar.

Días antes de morir, el licenciado Ponce de León hizo pregonar el 4 de julio el Juicio de Residencia de Cortés, por boca del pregonero Francisco González, y el pregón decía:

"Sepan todos los vecinos y moradores y habitantes desta Nueva España, como el señor licenciado Ponce de León, Juez de Residencia en esta Nueva España e sus provincias, por su Majestad, a D. Fernando Cortés, Capitán General e Gobernador que á sydo en esta Nueva España, a sus Alcaldes Mayores e Lugartenientes e Capitanes e otros cualquier Oficiales de Justicia e Capitanes que a tenido en esta Nueva España, desde que a ella pasó asta agora; e ansí mesmo Alonso de Estrada, Tesorero de su Majestad, e Rodrigo de Albornoz, Contador de su Majestad, e a sus lugartenientes, se hace pezquizas e inquisición e inquirir para saber cómo y de qué manera cada uno de ellos an usado e exersido sus oficios, tal cual dicha residencia les ha de tomar por tiempo e espacio de noventa días primeros siguientes, que su Majestad, por providencia Real, le envía mandar, los que les corren e su cuenta desde hoy día en adelante; por ende todas las personas que de los usos dichos —o de cualquier de ellos han sydo agraviados o estovieron quejosos en cualquier manera, parescan ante dicho Licenciado Señor Luis Ponce de León dentro de dicho término de los no venta días, e oirles e guardarles, todo en justicia; e para ello señala audiencia cada un día en su posada desde las dos después de medio día, hasta las cuatro; e sepan que pasados los dichos noventa días los oyrá ordinariamente, no por la via de residencia. Ansí, porque venga a noticia de todos los susodichos, mándalo a pregonar públicamente; el cual dicho pregón, se dió en la plaza de la dicha Ciudad e en otros sitios acostumbrados; a lo que fueron testigos Xoan de Avila e Pero de Faión e Diego Fernández".

Si se observa dicho bando, no solo causaba residencia Cortés, sino también todos los que le rodeaban. Cabe pensar si a Malitzin, al conocer ese bando, le dolerían las atribuciones de su amo y amante. ¿Sentiría placer al sentirse vengada? O acaso mirando crecer a su hijo el bastardo, ¿sentiría piedad por el padre de ese niño que jamás la quiso y siempre la llamó despectivamente "la india"? Es tan compleja el alma que nadie puede adivinar sus verdaderos sentimientos.

A Malitzin, el destino la colocó en un mundo hostil, apenas iniciada su juventud, no teniendo tiempo de madurar libremente; creció aherrojada por un mundo desconocido que mató en ella la risa y tal vez los sentimientos nobles de su raza, haciéndola extraña a dos mundos. Tal vez silenciosa y envuelta en la sombra, vivía convencida de que había nacido para sufrir y ser despreciada; porque los dioses desde antes de nacer habían escrito su destino.

Poco tiempo duró el gobierno del licenciado Ponce, porque habiendo presentado las provisiones de su cargo el 4 de julio de 1526, falleció el 20 del mismo mes, atribuyendo los enemigos de Cortés su muerte a un envenenamiento, culpándolo del mismo. En verdad, la causa de su muerte no fue conocida por los doctores Pedro López y Cristóbal de Ojeda y otro médico que acompañaba a Ponce desde España, aunque también murieron al mismo tiempo algunos padres dominicos que habían llegado con fray Tomás de Ortiz.

Al morir Ponce de León, legó como testamento y herencia los poderes y autoridad que traía del rey, al licenciado Marcos de Aguilar, muy viejo y enfermo, que no pudo soportar mucho tiempo aquella vida de agitación, falleciendo el primero de marzo de 1527.

Con la muerte de Aguilar volvieron las acusaciones de envenamiento; éste, como su antecesor, testó sus poderes a favor del tesorero Alonso de Estrada. Con ello se multiplicaron las intrigas, y en la Corte de España amigos y enemigos de Cortés escribían cartas con encontrados pareceres al rey y al consejo de Indias, y Salazar y Chirinos atizaban la discordia, esperando sacar provecho de ello.

Cortés, desilusionado, se retiró a Cuernavaca deseando conseguir la paz, y para olvidar rencillas y odios se dio a recorrer sus grandes plantíos de caña de azúcar, de moras, perales, sarmientos y otras muchas plantas, así como sus encomiendas de "ganado de todas maneras". Lo que le atraía más eran sus morales, donde se criaba el "gusanico" que proporcionaba la seda a sus "tornos" y telares, asegurando los tejedores que la seda "Tonatzin" era superior a la de Granada.

Mas a pesar de todos sus deseos de olvido, no se borraba de su mente el hecho de no contar ya con el apoyo de los antiguos conquistadores, que por causa de intereses se habían separado de él.

Llegaban hasta su retiro alarmantes noticias de los sucesos acontecidos en la capital mexicana, y entre tantos chismes de pleitos e injusticias, hubo uno que le interesó: por ligeras riñas entre soldados, el gobernador Albornoz había mandado cortar una mano a un criado de Gonzalo de Sandoval, e igual castigo le habían aplicado a otro soldado apellidado Cornejo. Luego se enteró por carta que los condenados estaban presos, por lo que se dirigió al instante a México, tratando de impedir la ejecución; pero nada consiguió como no fuera ocasionar un gran escándalo, por lo que el Consejero Estrada, mal aconsejado por los enemigos de Cortés y temeroso de la presencia del Conquistador en México, firmó una orden desterrándolo de la Nueva España.

Aquella prueba de ingratitud, hirió profundamente el ánimo de Cortés, que salió de la capital dirigiéndose a Tlaxcalla, resuelto a abandonar la Nueva España.

Que tanta la confusión que causó el Juicio de Residencia a Cortés, que el Gobierno de México se convirtió en un activo tribunal de Justicia ocupado en atender las quejas contra el Capitán General. Además del proceso oficial se presentaron contra Cortés las siguientes demandas y acusaciones, que transcribimos como objeto de curiosidad y ejemplo de ingratitud:

El licenciado Cabellos, en nombre de Pánfilo de Narváez, por perder un ojo así como a la gente, armas y pertrechos que llevaba.

María Maracayda, por la muerte de Catalina Xuárez.

Amado de la Padilla, demandólo por cuatrocientos pesos de oro.

Juan Rodríguez de Sedeño por haberle hecho condenar a la horca.

Francisco García, por dos mil pesos que le cabían de la parte de esta Cibdad e de otras personas.

Antón de Molina y Bartolomé Martín, por la parte que le cupo de esta Cibdad e de otras provincias, en cantidad de dos mil pesos.

Rodrigo Carrión, por la parte de Cibdad e presentó ciertos escritos.

El mismo, haciendo demanda de un pueblo.

Gerónimo de Aguilar, por tres vacas con sus múltiplos.

Pero de Torres, en nombre de Catalina de Torres su madre, de ciento setenta pesos que el dicho don Fernando Cortés hubo de la herencia de Luis Torres, su hermano.

Francisco Tellez, cuatrocientos pesos de oro de intereses de ciertos pueblos que le quitó.

Juan González Gallegos e Antón Rodríguez, de cuatrocientos e quinse pesos que le debe de servicio.

Bartolomé Sancho, de ciertos indios que le quitó.

Juan Ruiz Martínez, de un mil e quatrocientos pesos de servicio.

Manuel Guzmán, por el pueblo de Tecoyuca, que le depositó el Factor y el Veedor, y que el dicho don Hernando Cortés se lo quitó e tomó para sí.

Francisco de Rivadeo, por la quarta parte de los intereses de doce mil pesos.

El licenciado Valdivia, de mil pesos por lo que le curó a él e á sus criados en Cabo de Honduras.

Gerónimo de Aguilar, de ciertos servicios que le hizo en Honduras, e de dos mil pesos por ochocientos puercos que le pidieron por le quitar un pueblo que se dice Cetasco.

Juan Rodríguez de Vilafuerte, de unas aguas e cartas de marcar, pide por ellas cien pesos de minas.

Francisco Murcillo e Diego Aguilar, noventa peso de minas, del diezmo de Taximaroa e otras provincias.

Juan Tirado, por un caballo.

Francisco Martín, por quinientos pesos de un caballo e de parte de Tututepeque.

Alonso de Almiton, por treinta pesos de la parte de Michuacán.

Pero Perol, por dos mil pesos de los intereses de ciertos pueblos que le quitó.

Alonso Ortiz, por la inxuria que le hizo cuando prendió a Narváez e de lo que perdió, que son dos mil pesos.

Juan Tirado, por seiscientos pesos que le fizo dar a Gonzalo Mexia, de su compañía, que le hizo hacer por él.

Francisco e Berro, por quinientos e cincuenta pesos de un caballo que se murió en la conquista de Tututepeque.

Alonso Victoria, por varios pueblos.

El Bachiller Alonso Pérez, por cuatro mil pesos del tiempo que le sirvió de asesor.

Miguel Rodríguez de Guadalupe, por unos indios que le quitó.

Lucas Genovés, por ciento cincuenta pesos de servicios que le fecho.

Martín de la Calle, por cien pesos de oro, por ciertos servicios.

Gutierrez de Badaxoz, por la cuarta parte de Tepeaca y Gualapa.

Antón Serrano, por doscientos pesos de minas de servicios.

Gonzalo Mexia, por quinientos pesos de la parte de la Cibdad.

Francisco Rodríguez, de dos mil pesos por lo que sirvió en hacer los bergantines.

El mismo, de otros dos mil pesos por lo que sirvió de año y medio en su oficio de carpintería.

Pedro de Villalobos por los intereses del pueblo de Tepeaca.

Antón Bravo, por ciertos servicios que le hizo en su oficio de armero.

Rodrigo Gómez, por cierto servicio que le hizo en Tezcuco.

Santiago Carpués, por un negro que le tomó.

Hernando de Quintana, por cierto servicio.

Francisco Verdugo, Alcalde por los intereses de cierto pueblo que le quitó.

El mismo, por ciertas injurias que le hizo.

María Marcayda, por las joyas que dejó Catalina Xuárez, su hija, y el dicho don Hernando Cortés, en cuanto aplazó en Cuba.

Hernando Martín Herrero, de ciertos servicios.

García Rodríguez, como heredero de Alonso Ortiz, de cierto pescado.

El Factor Gonzalo de Salazar, sobre el pueblo de Taximaroa.

Hernando Taborda, de ciertos agravios e malos tratamientos e perjuicios que le fizo e pidió por ello cierta cantidad de oro.

Gutierrez de Badaxoz, sobre cierto servicio.

Pero Vargas, en nombre de Pero Islas.

Cristóbal Gil, por una yegua que se le murió en Ouaxaca, en la guerra e que no le dieron parte dello a ello.

El Factor Gonzalo de Salazar, por su caballo que le emprestó. Pidió por él mil quinientos pesos.

Pero de Villanueva, en nombre del Maestre Xoan Carixano, de doscientos pesos e un conocimiento.

Peramildes Chirino, por un caballo que le emprestó en Guacacualco. Pidióle por él seiscientos pesos.

Gerónimo Quintero, por mil e qustrocientos pesos de oro de minas, por razón de haber servido él e sus marinos e la tercia parte de un navío catorce meses.

Juan Rodríguez Sedeño, de ciertas puercas que le tomó.

El mismo, de los intereses de Taviaco que le quitó.

Francisco Marmolejo, de un caballo que le mataron, e no le dieron parte.

Luis de Garay, de cincuenta mil pesos por razón de lo que tomó en el río de Pánuco.

Antonio Serrano de Cardona, de tres mil e quinientos pesos, por razón de un peto de oro que Villaruel le dio para que lo tuviera en su poder.

Martín López, sobre malos tratamientos de los indios de Guaxaca.

No faltando los descontentos por sus deshonestidades, ya que en el proceso de residencia declararon muchas personas en su contra. En el "Sumario de la Residencia" en la declaración del Bachiller Alonso Pérez se hace constar: 'Al primer capítulo dixo que lo que él sabe es queste testigo veia quel dicho D. Fernando Cortés, oia misa e se confesaba e que muchas vezes este testigo se espantaba diziendo por qué engaña al mundo e a su conciencia cómo lo asuelben los clérigos y frayles de manga, pues no nos da lo nuestro que ayudamos a ganar con tanto trabajo, que el se lo toma todo para sy, e demas desto se ha dicho públicamente quel dicho D. Fernando Cortés se a echado carnalmente con dos hermanas fijas de Motezuma, e con Marina la Lengua, e con una fija suya, e demas desto vido este testigo dos o tres yndios ahorcados en Coyoacan en un árbol dentro de la casa del dicho D. Fernando Cortés, e oyó decir este testigo públicamente quel dicho D. Fernando Cortés los avia mandado ahorcar porue se avían echado con la dicha Marina".

Muchos se mostraron resentidos porque a algunos les alejaba de sus mujeres, nombrándoles servicios indebidos para poseerlas con su proverbial bajeza; además solía obligar a sus subalternos a desposarse con sus propias mujeres, o bien, atrabilario, hacía uso de las esposas de sus subordinados, incuriendo en incestos tan desleales como el perpetrado con la española Juana Martin y su hija.

Ademas había obligado a su tía Leonor Pizarro, en quien procreó una hija llamada Catalina, quien apenas contaba cuatro o cinco años, obligando a Doña Leonor a casarse con Juan Sedeño, obsequiándoles grandes terrenos en el pueblo de Chinatla.

En la declaración de su médico de cabecera, Cristóbal de Ojeda, asienta cosas espantosas y explica que por terror se veía obligado a dar fe de muertes naturales, constándole que su sanguinario jefe había aplicado veneno o hecho comer "torresnos flamencos", como en los casos del gobernador Francisco de Garay y del Juez de residencia Luis Ponce de León. "Por desgracia, muchos de ellos tuvieron éxito, condenándose a Cortés en ausencia a pagar, vendiéndose para ello alguna parte de sus bienes, no teniendo quien tomara su defensa, porque el que más amigos cuenta en la prosperidad, mayor número de ingratos tiene que enumerar en la desgracia", pero Cortés aún contaba con leales compañías que dieron un hermoso ejemplo de lealtad, los viejos conquistadores, compañeros de Cortés.

Esos hombres supieron que se demandaba a Hernán Cortés, por no haber repartido entre sus compañeros en la toma de México el oro y la plata que se recogieron al ser ocupada la ciudad. Como tal demanda podía ser de mucho peso en la residencia de Cortés, reuniéronse en casa de García de Olguín, y con licencia del Alcalde Ordinario firmaron un escrito en el que declaraban: "que no querían ser parte de aquella demanda, ni que por ello fuese cumplido Cortés a pagar alguna cosa, pues les constaba que todo se había enviado al rey, con pleno conocimiento de ellos".

Tan luego como el escrito llegó a conocimiento del Presidente y de los Oidores, mandaron apreender a todos los signatarios del mismo, motivando ese acuerdo en que se habían reunido y presentado en comunidad sin previa licencia; pero acabó por conmutarse aquel arresto por destierro a cinco leguas de México, que por tan inmotivado tuvieron luego que levantar.

El pequeño Martín, hijo de Malitzin, crecía.

Era un niño travieso de escasos tres años que cuidaba la joven Ahuatli —gota de rocío— princesa tezcucana que venida a menos tuvo que buscar acomodo en esa casa. Malitzin la quería bien, había sido educada como hija de rey, y la dueña de la casa la buscaba en sus horas tranquilas para conversar en el dulce idioma náhuatl que ambas conocían a la perfección.

Ella debía estar enterada de muchos acontecimientos que ignoraba por su encierro voluntario. Su intuición de mujer la hizo captar el triste papel que Malitzin desempeñaba en esa sociedad de mujeres y caballeros castellanos, vanidosos y ensoberbecidos por la victoria de su raza, y saber que por el otro lado los seres de su pueblo no la admitían, pues aún guardaban en sus corazones odio por lo que ellos consideraban la causa de su infortunio.

Convencida Malitzin de que carecía de afectos, se refugió en el amor de sus hijos y en la fidelidad de Ahuatli. Esa mañana en que el compañero estaba fuera de la ciudad cumpliendo deberes de Alcalde Ordinario, recién nombrado por Cortés, mientras su hijo jugaba con unos juguetes de barro, llegó hasta ella la india Ocoxochitl —flor de ocote— que fue a visitar a su parienta tezcucana. Al verla llegar Malitzin, que no la conocía, se asombró de la robustez de la mujer. Los saludos fueron afectuosos entre ella y la hija de reyes, quien llegó a informar a su ama que la recién llegada estuvo muy ligada a la vida de Marcos de Aguilar. Al oír tal cosa Malitzin, que pensaba dejar la estancia para que las dos amigas conversaran libremente, tomó asiento junta a ella pidiéndole le hablara del recién fallecido. Y la mujer, sin hacerse mucho del rogar, ante el asombro de sus oyentes le llamó su "hijo de leche".

Ante la expectación de las dos mujeres empezó su relato.

—Tuve que vivir pegada a él porque yo era su madre de leche. Mi hijo murió al nacer y mis pechos siguieron reventando de leche. Alguno de mis vecinos lo supo, y no tardó en saberlo también don Marcos, que me mandó llamar con un criado. Al verme tan robusta me ofreció buenos oros para que viviera a su lado y lo amamantara; pues era "viejo, caduco, ético, tocado de bubas", y necesitaba alimentarse con la leche de una mujer de crianza y como yo ya no tenía hijo y mis pechos reventaban de leche, acepté. Así me enteré de muchas cosas.

—¿Cómo cuáles? —preguntó curiosa Malitzin.

—Escuché que era natural de Ecija, España. Que en 1508 fue Alcalde de Justicia en Sevilla. Que el año pasado, 1526, pasó a México desde la isla de Santo Domingo, con don Luis Ponce de León, que decía venir como Inquisidor. Que al llegar a Iztapalapa, el 1° de junio de 1526 con el Visitador y Juez de residencia de Cortés, les ofrecieron una opípera cena y después de ésta enfermó gravemente, el licenciado Ponce de León, mas pudo presentar sus credenciales al Ayuntamiento de México el 4 de dicho mes. Ya gravísimo convocó al Ayuntamiento a su casa y el 16 nombró sustituto a mi hijo Marco de Aguilar.

—Pero ya murió —aseguró Malitzin.

—Este mes de febrero de este año de 1527. Yo estuve a su lado hasta el final.

—¿Y no lo extraña, Ocoxóchitl?

—¡Mucho! para mi era un hijo "muy viejo", un hijo que cuando la gente aseguraba que iba a morir por viejo, furioso afirmaba "que era vivo y viviría por muchos años para servir al rey".

—¿Y lo extrañas Ocoxóchitl?

—Desde que murió mis pechos revientan de leche. ¡Nunca podré olvidar la delicadeza con que tomaba mis pechos y ávidamente succionaba!

—¿Y cómo hacía para desprenderse de amigos y servidores para buscarla?

—Yo siempre estaba en una estancia cercana. Por eso me enteré de muchas cosas. A él le era fácil dejar a todos los señores que le esperaban o trataban con él; se cerraban las puertas bien vigiladas para evitar curiosos, y después de quedar satisfecho, volvía a sus negocios.

— ¡Qué cosas se llegan a saber! —aseguró Malitzin.

—Y yo lo extraño mucho; lo extraño a él, extraño los regios manjares y la abundante paga.

Se hizo el silencio, y en la estancia sólo se escuchó el ruido que hacía el pequeño Martín al jugar con sus juguetes de madera y barro. Y más allá se escuchaba el llanto de la pequeña María.

Cortés se dirigió a Tlaxcala, terriblemente decepcionado, pues los enemigos le acosaban tanto en la Nueva España como en la Madre Patria. Pero nada le había herido tanto como la ingratitud de Estrada, quien olvidándose de los muchos favores que le hiciera, decidió apoyar la idea de su destierro.

El conquistador llegó a Tlaxcala, la tierra de los valientes indígenas que tanto le habían ayudado, terriblemente entristecido. Una vez instalado, le fueron a informar que no hacía mucho había llegado de España Fray Julián de García, varón ilustre y noble que traía el encargo del emperador Carlos V de desempeñar el cargo de Primer obispo de la provincia Tlaxcalteca.

Un gran número de españoles fueron en busca de Cortés a ofrecerle sus servicios para sostenerlo contra Estrada y devolverle el gobierno; pero rehusó el extremeño, informándoles que deseaba ir a presentarse ante el emperador, seguro que le haría plena justicia y total reconocimiento de todos sus servicios. Entonces, los mismos españoles recurrieron al obispo pidiéndole buscara a Cortés para convencerlo de que se reconciliara con Estrada, más el conquistador se negó a ello, máxime que la acción del Tesorero le había herido profundamente.

Volvieron varios compañeros de armas a buscarle para proponerle que, con el apoyo de ellos y todos los españoles habidos en la Colonia, se alzace contra el monarca, proclamándose rey de la Nueva España. Pero Cortés, demasiado astuto, comprendió el vil lazo que le tendían sus enemigos, porque aquella celada llevaba el fin de dar motivo para matarle como traidor al rey de España.

Y como era constante la afluencia de españoles e indígenas que visitaban a Cortés, acompañándole en todo momento, no tardaron en llegar rumores hasta el gobernador Estrada, de que toda esa gente nada más esperaba una palabra de Cortés para que se soltara una revuelta, por lo que los amigos de Estrada y él propio, tuvieron miedo de la venganza del conquistador, máxime que la disposición para el destierro de Cortés no había sido bien recibida, excepto por un pequeño grupo de interesados, y hasta la mujer de Estrada, doña Marina Gutiérrez de Caballería, le reprochó su ingratitud para quien tanto le había querido, amenazándole con un remordimiento eterno por esa acción tan indigna.

Por las palabras de la Gutiérrez, Estrada sintió efectivamente remordimiento y se arrepintió de su conducta; pero entre tanto Nuño de Guzmán escribió a España en contra de Cortés, de Estrada y de Sandoval, y resurgió la tempestad. Ante tal amenaza, y sabiendo que Cortés tenía buena amistad con el obispo de tlaxcala, Estrada y sus amigos recurrieron a él, pidiéndole que interveniera por ellos evitando así la revuelta que suponían inminente.

El obispo así lo hizo y después de tener varias conversaciones con el extremeño, satisfecho de la lealtad del conquistador, escribió a los de México, informándoles que Cortés había decidido ir a España, con lo que se calmaron los ánimos. Estrada intentó una reconciliación con Cortés, que éste rechazó, y cuando todo parecía entrar en calma, llegaron cartas de España del cardenal de Sigüenza, don García de Liera, presidente de Indias, además de otros caballeros, invitándole a ir a Castilla, e informándole de las numerosas quejas de los "muchos males y muertos que había hecho". Las más apremiantes de todas esas cartas, fueron las del duque de Béjar, quien confidencialmente le informó que el rey había ordenado que solamente Alonso de Estrada gobernara y que para castigar a Cortés de todo lo que lo acusaban, mandó que saliera para la Nueva España Don Pedro de la Cueva, Comendador Mayor de Alcántara, ordenándole que "a costa de Cortés llevara 300 soldados y que si lo hallase culpable, le cortase la cabeza, aunque le había hecho un servicio a su majestad, y que a los verdaderos conquistadores se les diesen los pueblos que quitaran a Cortés".

Al enterarse de tal ingratitud, Cortés decidió inmediatamente organizar su viaje a España.

Gonzalo de Sandoval y Andrés de Tapia fueron los encargados de organizar el viaje, y también tenían la orden de recoger todo el oro y la plata que pudieran, pidiéndoles que exigieran los tributos de sus pueblos, empeñando algunas rentas y sobre todo solicitando a indígenas y amigos que le prestaran. ¡Y todo para llevárselo a España!

Al mismo tiempo que los dos comisionados trabajaban para Cortés, también ellos recogían de sus pueblos todo el oro y la plata que podían, pues los dos capitanes habían resuelto acompañar a Cortés a Castilla. Cortés, resuelto a dejar las tierras de sus glorias, fijó su salida para el mes de mayo, con la firme seguridad de que volvería triunfante.

Entre los asuntos que tenía que resolver antes de partir, estaba el pensar en el hijo que había tenido con Malitzin, un hermoso niño de escasos cuatro años, que quizás no lo amaba a pesar de sus abundantes dádivas. No pocas noches de insomnio le costó pensar en el porvenir de ese hijo, que al irse a España tal vez no volviera a ver. Después de mucho cavilar se decidió a quitárselo a su madre y llevarlo a casa de su padre, establecido en España, esperando que el viejo hidalgo lo amara y lo protegiera. Convencido de que aquello era lo mejor, mandó llamar a su primo el licenciado Juan Altamirano, que era "persona de mucha calidad", a quien más tarde le dio "poder mayor para entender en su Estado y casa, y demandar los tributos de los pueblos de sus encomiendas".

Atendiendo el llamado, llegó a Tlaxcala el primo de Cortés; el conquistador le contó sus congojas de padre, confesándole que a pesar de tener otros hijos, sentía muy marcado cariño por ese que se llamaba como su padre, el que tenía la piel blanca, además de poseer hermosos ojos negros y el cabello como su madre. ¿Qué le esperaba a ese hijo al lado del padrastro que no lo quería?

Con toda sinceridad don Hernando comunicó a su primo que esa verdad le atormentaba. ¿Qué pensaba el letrado de ello? Este aprobó su decisión ¡Había que recoger ese niño y enviarlo a España! Y ni tardos ni perezosos se dieron a la tarea de concebir un plan para quitarle a Malitzin a su hijo.

El plan concebido seguiría el orden siguiente: El licenciado Altamirano hablaría con Jaramillo, sin que se enterara la madre, y ya los tres de acuerdo, buscarían hombres decididos, que cuando Cortés abandonara la ciudad de México, raptaran al niño llevándolo apresuradamente a Veracruz, en donde sería sigilosamente embarcado en uno de los veleros comprados para la partida.

El licenciado dejó Tlaxcala, y se entrevistó con Jaramillo, quien no puso ninguna objeción al plan ideado por Cortés, conviniendo ambos en que el niño sería llevado por su aya a las huertas que tenía Malitzin en terrenos de San Cosme, y para redondear el plan, él se encargaría de alejar a la madre de la casona con el pretexto de que necesitaba visitar las tierras cercanas a Chapultepec. Puntualizados todos los pormenores, se acordó que el rapto sería días después de que Cortés dejara la ciudad, evitando así sospechas, de que sucediera esto, Cortés, que nunca había desamparado a Malitzin, la recompensaría con bienes materiales; pues además de haberle dado en dote los pueblos de Olutla y Tequipaque en Coatzacoalcos, y más tarde el pueblo de Jilotepec en México, le daría otros bienes.

Así el 14 de marzo de 1528 la dotó de un terreno situado cerca de Chapultepec, y en el mismo año de 1528, en el mes de marzo, le concedía una huerta en tierras del Sumidero, hacia el norte de Orizaba. Es más, "el 14 de marzo del mismo mes y año aparece en los libros de Cabildo que se hizo merced a Juan de Jaramillo y a Doña Marina su mujer de un sitio para hacer una casa de placer é huertas é tener sus ovejas en la arboleda que está junto a la pared de Chapultepec, a la mano derecha; diósele también una huerta cercana con ciertos árboles que solía ser de Moctezuma, que ir en terrenos de esta ciudad, sobre Cuyuacan que linda con el río que viene de Atlapulco, en que haga huerta y edifique lo que quiera".

Y como si Cortés quisiera compensar el dolor de madre de Malitzin, dio a su marido el honroso grado de Alferez Real de México.

Ya próximo su viaje a España, Cortés comisionó a su mayordomo Pedro Ruiz de Esquivel, natural de Sevilla, a que fuese a Veracruz a ver dos navíos que habían llegado que tenían fama de ser nuevos, veleros, que los comprase, y apercibiera bizcochos y cecina y tocinos y lo perteneciente para el matalotaje muy cumplidamente, como para un gran señor rico como Cortés era, y cuantas cosas que se pudieran haber en la Nueva España que fueran buenas para la mar, y conservas que de Castilla vinieron, y fueron tantas y de tanto género que para dos años se pudieran matener otros dos navíos, aunque tuvieran mucho más gente, con lo que en Castilla les sobró".

"Pues yendo el mayordomo por la laguna de México en una canoa grande para ir hasta un pueblo que se dice Ayozingo, que es donde desembarcan las canoas, que por ir más presto a hacer lo que Cortés le mandaba, fue por allí y llevó seis indios mexicanos remeros, y un negro y ciertas barras de oro, y quienquiera que fue le aguardó en la misma laguna, y lo mató, que nunca se supo quien, ni pareció canoa ni indios que la remaban, ni aun el negro salvó, que desde ahí a cuatro días hallaron a Esquivel en una isleta de la laguna, el medio cuerpo comido de aves carniceras".

"Sobre la muerte de este mayordomo hubo grandes sospechas, porque unos decían que era hombre que se alababa de cosas que él mismo decía que pasaba con damas y con otras señoras, y como era y decían otras cosas malas que dizque hacía, y a esta causa estaba malquisto, y ponían sospechas de otras muchas cosas". Y jamás se supo quien o quienes lo mataron!

Al tener conocimiento de tal desgracia, Cortés envió apresuradamente a otro mayordomo para que tuviere listos los dos navíos, "y en ellos metieran todo el bastimento y pipas de vino". Mientras tanto el emperador, molesto por tantas querellas contra Cortés a quien acusaban de traidor, alevoso, homicida, robador, violador y saqueador, siendo su mayor enemigo Nuño de Guzmán que estaba envidioso de las hazañas de Cortés, llegando en su rabioso encono de decir en todo momento: "Dádme criado o amigo de don Hernando Cortés y dároslo e traidor". El emperador, decíamos, ante tales acontecimientos, decidió formar una Audiencia, teniendo poco acierto en la elección de sus componentes, pues puso como Presidente de aquel Tribunal a Nuño de Guzmán, el mayor enemigo de Cortés y quizá el hombre más perverso de cuantos hasta entonces habían pisado la Nueva España.

Como Cortés demoraba su viaje, la Corte temió que estando en México y gozando de tanto poder, no sería fácil para la Audiencia la investigación de cuanto había acontecido en la Nueva España, por lo que se convino que el Presidente del Consejo de Indias escribiera a Cortés aconsejándole que se embarcara para España lo más pronto y se presentase ante el rey, al fin de que, conocedor de su lealtad y sus servicios, el monarca pudiera otorgarle las grandes mercedes de que era merecedor.

La carta del obispo de Osuna, Presidente del Consejo de Indias, le llegó a Cortés cuando había terminado de arreglar su viaje, y a poco le llegó carta del rey, ordenándole que a la mayor brevedad fuese a España a fin de consultarle negocios relativos a México, por lo que Cortés aceleró su partida, llevando multitud de animales y objetos curiosos, como aves, tigres, maderas preciosas, joyas y perfumes, además de contrar entre su comitiva con cuatro indios diestros en jugar con los pies un gran cilindro de madera, habilidad completamente desconocida en Europa en aquellos días. Y no sólo eso llevaba: con él iban los atrevidos y casi suicidas voladores; algunos concorvados y enanos monstruosos y los hijos de algunos caciques y señores principales.

Antes de irse de México Cortés nombró su apoderado al licenciado Juan de Altamirano, y al llegar a Veracruz, recibió la noticia de la muerte de su padre, por lo que antes de embarcarse, quiso hacerle unas solemnes honras, y cumplido con ese triste deber, se confesó y comulgó para después embarcar en compañía de Gonzalo de Sandoval y Andrés de Tapia, además de otras personas que llegaron con tal objeto, ya que el Capitán había pregonado que daría hospedaje y alimentos gratuitamente a cuantos españoles quisieran embarcarse para su Patria en su compañía.

Cargada de fruta que ella misma había escogido para su hijo, Malitzin volvió a su casa. Subió apresurada las escaleras, dirigiéndose a la alcoba en que esperaba encontrar a Martín y a su aya Ahuactli ¡pero la habitación estaba vacía! Dejando sobre un mueble la cestita, sin sobresaltos se acomodó en un acogedor sillón frailero, descansando de la caminata. Tranquila, pensó que Ahuactli había llevado al niño a dar un paseo, evitando que llorara por su ausencia. Su esposo apenas la vio subir las amplias escaleras, dejó presuroso la casa. Mas el tiempo pasó y como no oyera la risa de su hijo ni la voz cariñosa de su cuidadora, llamó a varios servidores para preguntar por los ausentes.

¡Nadie sabía nada! Habían visto salir al pequeño amo de la mano de su cuidadora, mas eso había sucedido poco después de que ella, acompañada de su esposo, dejaran la casona.

—¿Entonces hace mucho de eso?

—¡Mucho! Alarmada la madre, llamó a todos sus sirvientes indígenas y a los caballerangos españoles de su esposo, a quienes interrogó exhaustivamente. ¡Pero nadie sabía nada! Asustada, ordenó que localizaran a su esposo, que lo buscaran en casa de amigos, capitanes y hasta en el Cabildo. Las horas fueron pasando y la angustia de la madre crecía. ¿Dónde podía estar su hijo? ¿Dónde?

Llegó la noche y sumida en las sombras de su alcoba, espiaba llorosa tras los vidrios del balcón la calle en espera de ver regresar al tan esperado. Las campanas de Santo Domingo no tardaron en llamar para el rosario de las ocho, vio a los feligreses desaparecer por la puerta principal; pero ni la mujer ni el niño aparecían. Ella que había presenciado los más espantosos tormentos, los más crueles asesinatos sin que sus pupilas se empañaran por la compasión ni la angustia; pegada su bella cara a los fríos vidrios, dejó correr las lágrimas, sintiendo que su corazón se hacía débil, y asustada descubrió que el corazón le martilleaba el pecho y se agolpaba la sangre en su cerebro.

Todas las pesquisas para localizar al hijo y su aya fueron inútiles. ¿A quién recurrir? ¡Siempre había estado sola, muy sola en ese mundo que ella ayudara a forjar! Las horas seguían corriendo, el alba no tardó en ahuyentar las sombras, y la angustia de Malitzin crecía y con ello los descabellados pensamientos. ¿Lo habría raptado algún cacique vengativo? ¿Lo habría matado algún enemigo de su marido? ¿Habría caído a la laguna? ¡Nadie sabía nada!

Juan Jaramillo tampoco había regresado a la casa, y una esperanza surgió en su atormentado cerebro ¿Acaso sabía la desaparición de su hijo y lo estaría buscando? ¡Ya volverá con él! Y encerrada en su alcoba, gritando como animal herido y sollozando como si lo supiera muerto, esperó el regreso de su compañero. Por fin llegaba, el zaguán se abría, era él, era él. Al presentir su presencia, como una loca fue a su encuentro, atropellándolo todo, anegada en lágrimas, y entre sollozos le informó la desaparición del niño.

Juan Jaramillo la escuchó sin responderle, sólo tomando vino pausadamente. Malitzin, que siempre había sido sumisa y silenciosa, se avalanzó y de un golpe le arrebató la copa, estrellándola en el suelo. Juan Jaramillo la miró estupefacto; los enrojecidos ojos de la mujer se le figuraron los de una fiera próxima a saltar sobre su presa.

—¿Qué os pasa doña Marina?

—Mi hijo, mi hijo ¿dónde está?

Juan Jaramillo la miró con odio. Nunca la había querido, y si admitía que bajo el mismo techo vivieran el bastardo y su hijo, era sólo por los favores recibidos del conquistador. Por eso, sin compasión del dolor de la madre, cínicamente le dijo:

—Señora, ¿preguntáis dónde está vuestro hijo?

—¡Eso es lo que he preguntado!

—Pues os lo voy a decir ¡Junto a su padre!

—¿Junto a su padre? ¡El se embarcó camino de España!

—Eso es verdad. No os equivocáis, señora. ¡Pero en una de sus naves va vuestro hijo, Martín Cortés, el Bastardo!

Aun sin comprender, preguntó:

—Se lo han llevado, y ¿vos lo habéis permitido?

—Para su bien.

—¿Qué bien?

—En España será un caballero español y no un despreciable indio.

En ese instante Malitzin hubiera querido desgarrar a ese odiado hombre; pero sintiéndose cobarde y sin fuerzas para matarlo, inmóvil, sin gritar, sin sollozar, pues hay dolores que de tan fuertes destruyen al ser, convirtiéndolo en un guiñapo, sin pensamiento, sin movimiento, miró sin comprender nada, sin hacerle nada al hombre despreciable que había permitido el inhumano proceder de quitar su hijo a una madre.

Cortés desembarcó en el Puerto de Palos en mayo de 1528, tras de cuarenta y un días de feliz navegación, hospedándose en el Convento de Santa María de la Rábida, de los franciscanos, encontrando generoso apoyo moral en su guardián Fray Juan Pérez Marchena. De allí se dirigió al monasterio de Guadalupe, en donde conoció a doña María de Mendoza, esposa del Contador Mayor de León, don Francisco de los Cobos, uno de los mayores privados del emperador, quien sabiendo que Cortés era viudo, quiso casarlo con una hermana suya, y tal vez eso hubiera sucedido, si en el séquito de doña María no hubiera ido una doncella hermosa y discreta de quien don Hernando se enamoró. Era doña Juana de Zúñiga, a quien propuso matrimonio.

Cuando doña María de Mendoza y su esposo el Comendador, privado del emperador, se enteró de que la afortunada esposa de Cortés no iba a ser su cuñada doña Francisca de Mendoza, le aborreció por tal desaire, odiándole en grado extremo. Bernal Díaz del Castillo en su pintoresca Historia asegura: "Si Cortés no fuera desposado con doña Juana de Zúñiga, sobrina del duque de Béjar, ciertamente tuviera grandísimos favores del comendador Mayor de León, y de doña María de Mendoza, su mujer, y su Majestad le diera la gobernación de la Nueva España."

Por esa doña Juana de Zúñiga, hija del conde de Aguilar don

Carlos Ramírez de Arellano, y sobrina de Alvaro de Zúñiga, duque de Béjar, empezó su desgracia. En España Cortés recibió grandes pruebas de consideración. Se le recibió fastuosamente. Desde el emperador, todos le mostraron gran respeto, y fueron múltiples las fiestas y espectáculos organizados en su honor. Mientras tanto en la capital de la Nueva España se acumulaban las acusaciones, dividiéndose en dos partes: la primera sobre hechos públicos de administración, de guerra, de manejo de caudales del rey, cumplimiento de las leyes, reales cédulas y provisiones y todo aquello que era común a la residencia del Adelantado o Virreyes; y la otra relativa a si Cortés pretendía o había pretendido alzarse con el reino, y si eran ciertas las acusaciones de haber robado grandes tesoros que correspondían al monarca español.

La primera relación contenía treinta y ocho acusaciones y la segunda, quince. El nombre de Cortés se pronunciaba con el mayor desprecio en la Audiencia, y en los informes y en los escritos se lanzaban contra él toda clase de injurias. El licenciado Altamirano llamó sobre esto respetuosamente la atención de Nuño de Guzmán y de sus compañeros, haciendo presente que siendo Cortés tan bueno y leal caballero, y habiendo sido tan bien recibido por el emperador, no merecía que se le afrentase de ese modo. Estaba presente en aquel acto de protesta el factor Salazar, quien contradijo violentamente a Altamirano agravando las injurias, y no siendo, por la indignación, dueño de sí mismo Altamirano, acometió a Salazar con una daga y lo hubiera matado allí mismo, si Nuño de Guzmán y Delgadillo no lo sujetaran, abrazándolo. Los Oidores mandaron preso a Salazar a su casa, y al licenciado Altamirano a las Ataranzas.

Malitzin empezó a odiar su casona. Cada estancia, cada rincón, cada mueble, le recordaba al hijo perdido. A todas horas oía los pasos de su hijo; esos pasos que no se parecían a los de su hermana María, tan quedos, que casi no se oían, como también era fina su risa; en cambio la de Martín era cascabelera, llenaba toda la casa. ¡No! No podía vivir más allí, donde su niño creciera, donde día a día había acariciado su cabello, donde momento a momento se había mirado en sus grandes ojos de tupidas pestañas.

Tanta fue su aversión por esa casa de la que le habían arrebatado a su hijo, que apenas amanecía se alejaba caminando calles y calles, sin rumbo fijo, sin ver a nadie, sin hablar con nadie. Su pena era tan profunda que hubiera querido morir, mas esa pena nadie la conocía, ni siquiera su marido, ya que no había queja ni llanto. Un día resolvió buscar al esposo que acababa de llegar de contar sus animales en tierras de Chapultepec, y de mirar si las frutas de sus huertas ya estaban en sazón. Regresaba cansado, seguido de un esclavo que conducía una gran canasta llena de zarzas y garambullos que a ella tanto le gustaban, por lo que esperó que tomara asiento en su sillón y empezara a tomar su acostumbrada copa de rojo vinillo. Don Juan saboreaba con fruición el licor cuando entró intempestivamente Malitzin. Las relaciones entre ellos hacia mucho eran mínimas, casi nulas. Muy pocas palabras, las necesarias en las comidas y en el trajín del día. ¿Conversaciones? Ni una más después del rapto de su hijo, y sólo cuando había visitas y era necesario atender a los invitados, procuraban ser discretos para evitar chismorreos. Pero esa vez Malitzin fue en su busca, necesitaba hablarle, pedirle, algo, ella que nunca pedía nada.

Juan Jaramillo le miró azorado; ¿qué noticia o qué reproche saldrían de esos hermosos labios? Sereno le dijo:

—Os veo preocupada, señora. ¿En qué os puedo servir?

—Un asunto urgente me obliga a interrumpir vuestro descanso.

—Decid.

—No quiero ya vivir en esta casa.

—¿Que cosa mala encontráis en ella? Es hermosa y amplia, y la calle lleva mi nombre ¿Acaso eso os disgusta?

—Don Juan, vos sabéis que no es eso lo que me molesta; vos sabéis bien que tal cosa me halagaba; no se trata de eso.

—¿Entonces por qué vuestro disgusto ahora, cuando siempre me habíais dicho que os gustaba?

—Siento que voy a enfermar, si vos no me construis otra casa en terrenos alejados de aquí.

—¿Acaso os molesta el cercano tañer de las campanas del Convento?

—Nada de eso es, nada de eso.

—Entonces decid cual es la causa de ese horror a mansión tan bella, que siempre creí que era de vuestro agrado.

Malitzin guardó silencio y Don Juan prosiguió:

—Señora, decid la causa y al instante os daré gusto ¿acaso ya pensásteis dónde construir la otra?

—Desde que perdí a mi hijo, su recuerdo me atormenta y por ello odio esta casa. Por ello os pido me finquéis otra, en lugar alejado.

El alferez la miró compadecido; todos habían sido crueles con ella; Cortés, Arellano y él habían desgarrado el corazón de esa madre ¿por qué no complacerla? ¿Acaso el Conquistador, antes de irse a España, no les dio más terrenos haciéndolos más ricos? ¿Acaso no debía a ella esa marcada protección del extremeño? Y fue por eso, sin altanería, que preguntó con sencillez:

—Decid, señora, en dónde queréis esa casa.

Malitzin se sorprendió del tono casi cariñoso, por lo que sin temor externó su deseo.

—¿Será posible, don Juan, que fuera en un solar que he visto, haciendo esquina con Donceles?

—Me parece bien, doña Marina; pero sentaos y hablemos sobre ello. Malitzin tomó asiento frente al esposo y silenciosa esperó:

Me parece bien que queráis otra casa; tenemos caudal en abundancia, por lo que si esta casa es hermosa, la otra lo será más. El lugar del solar ya lo habéis dicho, mañana iré a comprarlo y espero que no habrá ningún inconveniente que lo impida, ya que el lugar por vos escogido no es de los codiciados. Y después no perderé tiempo, iré a apalabrarme con el arquitecto Juan Rodríguez.

—¿Podréis localizarlo?

—Don Hernando, antes de irse para España, dio órdenes a su fiel mayordomo Francisco de Santa Cruz, que viera sus obras y nadie mejor que él para decirme dónde hallarlo. Veréis, señora, veréis qué hermosa será vuestra nueva casa; será extensa y fuerte su fachada, toda de calicanto, con viguería de cedro, gran patio rodeado de grandes piezas y la portada y el zaguán, un primor.

—¿La terminarán pronto?

—Mucho antes de que lo que pensáis. Trabajarán en ella cientos y cientos de esclavos ¿quedáis satisfecha, doña Marina?

—Satisfecha y agradecida.

Y como Malitzin se levantara para salir de la estancia, el esposo conciliador le dijo:

—Señora, hoy deseo tomar en vuestra compañía un bien espumado chocolatito, acompañado de ricas puchas y rosquitas de manteca.

—Así será, don Juan; pero además tendré para vuestro deleite, turrones españoles, piñonates y pasta de almendra.

Y serena y erguida la vio salir Juan Jaramillo.

Callada y plácida era la casona del licenciado Altamirano, pariente y apoderado del conquistador. Era de dos plantas, de amplios patios, vastas salas, balcones de hierro forjado y portón con clavos y aldabón de plata. A esa casa llegó Malitzin, cuyo corazón aún sangraba por el dolor que le produjo la traición de Cortés. Durante días y noches, la pobre madre escondía por las grandes estancias de su casa, su silenciosa congoja, que no le permitía encontrar la paz.

¿Dónde estaba su hijo? ¿Qué manos lo vestirían? ¿Quién le daría sus alimentos? Y al pensarlo se estremecía de angustia y hubiera querido gritar !infames! ¡Malditos! Un rencor sordo le roía las entrañas; odiaba al que por tantos años fuera su "amo"; odiaba al esposo "impuesto"; al uno por haberle arrebatado lo que más amaba; al otro, por ambicioso y cómplice. ¡Qué sola estaba!

El esposo se sentía orgulloso de que Cortés, antes de dejar la capital de la Nueva España, le hubiera dado el grado de alferez, además de huertas y nuevas tierras. ¡Eran ricos, muy ricos! ¡Pero a costa de su dolor de madre! ¡Cuán dura había sido su vida! Apenas contaba con escasos 23 años, y ya había conocido amargas experiencias.

Sin embargo, no se quejaba, no protestaba, seguía conservando los atributos de esclava; pero eso no quería decir que no sufriera por la separación de su hijo; sólo que al través de los años había aprendido a no quejarse, a no reír, a no llorar, a no protestar, sino que resignada aceptaba los reveses del destino. Era el estoicismo de su raza. Tal vez a ello se debiera que en sus lindos ojos siempre había tristeza y enigma.

Esa mañana había despertado con una idea clavada en su mente: iría a ver al licenciado Altamirano; porque sólo él podría darle razón de su hijo ¡Claro que tenía que saber de su primo Cortés y de su hijo Martín! Vistiendo hermosa indumentaria meshica, peinado su negro cabello y adornada con un sencillo collar, Malitzin se dirigió a la alcoba donde dormía su hija y el aya Catalina velaba su sueño, para después bajar presurosa la escalera.

Juan Jaramillo no estaba en casa. Desde la desaparición del hijo, optó por alejarse, evitando recriminaciones. Como la casa del primo de Cortés estaba cerca, decidió ir a pie, sin compañía. Abría el día, cuando golpeó con el pesado aldabón la puerta recia de oscuro color. Al insistente llamado, se abrió el portón, y al enterarse el castellano de quien tocaba la puerta, la hizo pasar, conduciéndola a una sala diciéndole:

-Aguarde un momento, señora, voy a anunciar a mi amo vuestra visita. Tomad asiento.

Mientras el hombre se alejaba, Malitzin observó todo lo que le rodeaba: gruesas alfombras, cuadros de ciudades españolas, una mesa al centro un ramilletero, rinconeras con porcelanas finas y en una pared el reloj, de péndulo y largas pesas, midiendo con su tic tac la vida de su dueño. No tardó Altamirano en entrar en la amplia estancia, luciendo jubón de terciopelo negro y sobre el pecho gruesa cadena de oro. Al verla, esbozó una sonrisa antes de decir:

– ¿Qué os trae por aquí, bella señora?

Malitzin bajó la cabeza ¿Cómo empezar? Altamirano adivinó al instante el motivo de tan imprevista visita, y sintió un poco de remordimiento al ver la palidez de la mujer que, supuso él, aún ignoraba que él había sido el autor intelectual del rapto; pero había que romper el silencio tan significativo de la madre.

—¿Aceptarías señora una taza de alguna infusión? ¿O unas galleticas hechas por manos frailleras?

—Gracias, nada.

El silencio volvió, y para romperlo el pariente de Cortés aseguró:

—Gusto me da veros, aun conserváis vuestra belleza. Me he enterado de vuestra pena. Juan Malinche, que vos conocéis tanto como yo, vino a decírmelo.

—¿Aún no se ha ido a Puebla? Según me dijo, se iba a establecer allá pues mi señor Cortés le dio suficiente oro.

—Aún no se va. Y créame, señora, que siento mucho lo que os ha sucedido ¿Necesitais ayuda?

—No, señor. El tiempo ha pasado y mi esposo me informó que su padre me lo quitó para llevárselo a España. No quiso que siguiera a mi lado.

—¿Y no habéis pensado en los beneficios que recibirá vuestro hijo en la Madre Patria?

Y como Malitzin no respondiera, prosiguió:

—No hace mucho recibí la primera carta llegada de España; me la envió Andrés de Tapía, quien me informa que don Hernando produjo una grata impresión al emperador. Que llegaron sanos y salvos después de cuarenta y un días de feliz navegación. Desembarcaron en el Puerto de Palos, aposentándose en el Convento de Santa María de la Rábida, de los franciscanos, encontrando generoso consuelo en su guardián fray Juan Pérez Marchena.

—También me escribe que camino de la Corte, fueron objeto de la más ardiente curiosidad y de las más entusiastas manifestaciones de aprecio y consideración; pues de los más apartados lugares llegaban multitud de personas, sólo para conocerle y ver desfilar a su comitiva, que mucho se asemeja a las que acompañaban a los monarcas de las Indias Orientales; que por lo rico y majestuoso, causó admiración; por la riqueza y novedad de los trajes, por el número de personas que la componían, por la belleza y bizarría de los trajes, por los animales desconocidos que llevaba y por la significación que tienen los hombres de un nuevo mundo y una raza hasta ahora ignorada, sometida a la corona española, y todo ello adquirido con el esfuerzo y la audacia de don Hernando Cortés.

—¿Y mi hijo?

—Vuestro hijo, señora, crecerá orgulloso de su padre. Nuestro señor Carlos V colmará de honores a mi primo. Por lo tanto, vuestro hijo será todo un hidalgo, como su padre.

Malitzin quedó pensativa. Tratando de disipar su tristeza Altamirano le preguntó:

—¿Cómo está la pequeña María?

—Creciendo.

—¿Ya da pasitos?

—Casi corre.

—La Virgen de la Paloma la proteja siempre.

Volvió el silencio, y como viera Altamirano que una pregunta iba a surgir, cambió la conversación.

—Tal vez interese a vos saber lo que me acaba de escribir el prior del Convento de la Rábida.

—¿Qué os dice?

—Que Gonzalo de Sandoval no pudo seguir a don Hernando en su camino de la Corte, quedándose en el Puerto de Palos, debido a enfermedad ¿Recordáis a Gonzalo de Sandoval?

—Fue para mí señor Hernando el amigo más leal y desinteresado de cuantos había en nuestro torno. Era joven, franco, inteligente y muy humano con los indígenas.

—Pues Gonzalo de Sandoval estaba alojado en la casa de un comerciante de jarcias y cables, quien viéndole enfermo e incapaz de defenderse, esperó el momento en que estuvo solo, alejando mañosamente a las personas que lo acompañaban, y le robó a su vista trece barras de oro, fugándose después para Portugal.

—¡Como puede haber en la vida hombres tan perversos!

Al oír tal cosa, Juan Altamirano miró profundamente los hermosos ojos, como queriendo adivinar en ellos la verdad escondida en aquella alma.

—¿Y mi señor Hernando lo llegó a saber?

—No solo lo supo, sino que informado de la gravedad de su amigo, llegó inmediatamente a visitarle, acompañándole hasta sus últimos momentos. Antes de morir Sandoval lo nombró albacea testamentaria.

—¿Y el ladrón?

—Nada se pudo hacer, el oro se había esfumado.

—¡Pobre Gonzalo! Fue uno de los más eficaces auxiliares de mi señor Cortés, en las grandes dificultades, en la rebelión de algunas provincias, él siempre consiguió la paz. Su desinterés era proverbial y ninguna acusación de rapacidad o codicia manchó su nombre.

—¡Vos bien lo conocíais!

—¡Mucho! Siempre ayudó a mi señor con sus prudentes consejos, fue superior a lo que podría esperarse de su edad, pues sólo contaba 22 años cuando llegó a estas tierras.

—Murió joven, 31 años.

—Así es.

Malitzin calló. Pero el primo de Cortés descubrió en aquel rostro, el dolor y la angustia de una madre despojada de su hijo, y conmovido presintió el despertar de esa alma aparentemente insensible a todo dolor humano, y queriendo mitigar la pena le dijo:

—¿Por qué señora, no me hacéis la pregunta que sospecho queréis hacerme?

Malitzin guardó silencio y bajó la cabeza para evitar que su interlocutor viera la humedad de sus pupilas. Pero el licenciado habló:

—Tal vez, hablándole como lo hago comprenda los motivos que tuvo don Hernando, al llevarse a vuestro hijo; yo sé que os ha hecho mucho daño; pero piense en el orgullo que tendrá vuestro hijo cuando crezca y conozca el escudo de armas que el emperador le concedió el 7 de marzo de 1525 en Madrid, por Cédula Real.

—¿En marzo de 1525?

—Desde esa fecha es todo un señor por reconocimiento del emperador; además le concedió el tratamiento de don.

—Mi hijo aún no nacía.

—Pues Dios premió al infante. Vos jamás llegarías a pensar en el gran honor que diera al padre de vuestro hijo, el señor casi dueño del mundo.

—¿Cómo adivinarlo?

—Voy a leeroslo; esperad.

Altamirano se dirigió a la estancia contigua, y entre los pesados cortinajes de la puerta divisoria, Malitzin pudo distinguir una pesada mesa llena de papeles. También vio cómo el letrado removía varios legajos, extrayendo de entre ellos, una carta. Con ésta en la mano, y acomodándose en el sillón frailero, empezó a leer: "Podéis tener y traer por vuestras armas propias y conocidas un escudo que en medio del, a la mano derecha, en la parte de arriba, haya una águila negra de dos cabezas en campo blanco, que son armas de nuestro imperio; y en la otra mitad del dicho escudo, a la parte de abajo, un león dorado en campo colorado, en memoria de que vos, el dicho Hernando Cortés, y por vuestra industria y esfuerzo, trajiste las cosas al estado arriba dicho, y en la mitad del otro medio escudo de la mano izquierda, a la parte de arriba, tres coronas de oro en campo negro, la una sobre las dos, en memoria de los tres señores de la ciudad de Tenochtitlan y sus provincias que vos vencistéis, y que fue el primero Moctezuma, que fue muerto por los indios, teniéndole vos preso; Cuetaoazin, su hermano, que sucedió en el señorío y que se reveló contra vos y os echó de la ciudad, y el otro que sucedido en el dicho Señorío Cuauctemuzin, y sostuvo la dicha rebelión hasta que no lo vencísteis y prendísteis, y en la otra mitad del dicho medio escudo de la mano izquierda, a la parte de abajo, podísteis traer la cibdad de Tenustitan, armada sobre agua, en memoria que por fuerzas de armas la ganásteis y sujetásteis a nuestro señorío; y por orla de dicho escudo en campo amarillo, siete capitanes, señores de siete provincias y poblaciones que están en la laguna, y en torno della que se revelaron contra Nos, y los vencisteis en la dicha cibdad de Tenustitan, apresionados y atados con una cadena que se venga a cerrar con un candado debajo de dicho escudo, y encima del un yelmo cerrado con un timbre en un escudo tal como este".

El licenciado cerró los labios. En la estancia reinó el silencio y, afuera, el sol alumbraba una ciudad de corrompidas aguas, basuras acumuladas y ermitas diseminadas en el corto espacio de la ciudad de los vencidos.

La casa era acogedora. Un mundo de indígenas y esclavos la construyeron en poco tiempo. Cuando satisfecha la recorrió con agrado, se complació al descubrir que estaba ricamente amueblada: tapices de brillante coloración, sillones de tallados respaldos, cuadros de marcos dorados con paisajes y flores; en las vitrinas loza de talavera, servicios de plata labrada, charolas y bandejas de oro, copas de fino cristal, gruesas alfombras, pesadas cortinas, labradas cajoneras, sillones fraileros, macizos arcones claveteados de plata e inmensas mesas bellamente trabajadas.

Satisfecha, Malitzin recorrió su nueva casa, Hasta allí no la perseguiría el eco de la risa de su pequeño, ni el ruido de sus pasitos adivinándose tras de cada puerta. Allí no sufriría tanto como en la otra casona, impregnada del recuerdo de su niño blanco como la nieve y bello como la flor. Recordando tomó asiento. Allí había quietud. Su nuevo hogar estaba construido en un solar rodeado de terrenos deshabitados. Apenas al fondo de la calle había otra casa. ¡Qué transformación había sufrido Tenochtitlan! ¿Acaso no fue más hermosa la ciudad cuando Moctezuma?

Quedó pensativa, surgiendo la mágica visión de aquella ciudad hermosa, alegre, florida, rodeada del rumor de las aguas del lago. Mas, ¿qué pasó tras de la total destrucción de reino tan bello? ¿Dónde estaban esas calles limpias, esas casas blancas, esos patios llenos de árboles y flores, ese inmenso mercado en que todo estaba en orden? ¡Todo era hermoso, todo limpio como sus moradores, habituados al baño diario! ¿Y ahora? Acequias de aguas turbias, basura y desperdicios, malos olores por doquier. Hasta las damas y caballeros orgullosos de su raza olían mal por la falta de baño. En su casa nunca faltaba la sartesa de madera para el baño. Y como si alguien la escuchara, murmuró en voz baja:

-Mejor habría sido conservar esa ciudad que vista desde lo alto, creímos todos era de plata. ¿Por qué la destruyeron totalmente? ¿Por qué si era tan hermosa? Nada quedó de sus bellos palacios y majestuosos templos, nada ¡sólo piedras! piedras labradas, piedras de preciosos tintes, piedras de la inolvidable Tenochtitlan, piedras que fueron empleadas para forjar la nueva ciudad.

En la mente de Malitzin se proyectó aquel momento en que al lado de Cortés "oyera discutir con sus capitanes el sitio donde debiera fundarse la nueva ciudad, pues unos proponían fuese en Cuyuacan, otros en Tezcoco, y no faltaron algunos que pedían fuera en Tlacopan." Don Hernando a todos escuchaba; pero después de guardar silencio, dijo: —"que aquí debe de ser, donde hemos vencido, y donde se asentara la antigua México". Y días después mandó a llamar a Alonso García Bravo para que hiciera la "traza", por ser uno de los "buenos geométricos."

El espacio era reducido; pero el conquistador repartió a sus capitanes y a su gente los mejores solares y al instante fueron reunidos los escombros de los derrumbados palacios, templos y casas, y con ellos se empezaron a construir los nuevos cimientos de las casas que iban a levantarse sobre lo que quedaba de la gran Tenochtitlan.

Dentro de ese "trazo" estaban las casas anteriores y también esta nueva que presentía más acogedora, más tranquila. Y suspirando pensó:

Ya no me desesperará el constante tañer de las campanas de Santo Domingo. Ya no llegará hasta aquí el olor de la matanza en la Plaza Mayor de carneros y reses; ya no me molestará el nauseabundo olor de los chiqueros de cerdos y la majada de las vacas de ordeña. ¡No! Hasta aquí no llegará la hediondez de la sangre podrida ni la molestia de las nubes de asquerosas moscas, todo eso aunado a las aguas de la fuente, "aguas siempre turbias, que lo mismo servían de abrevadero a las bestias, que de piscina a la desnuda y harapienta plebe de vendedores y compradores."

Cuán lejos quedaban esas molestias. Su casa quedaba a gran distancia de la Plaza Mayor. Ahora estaba cerca del barrio llamado Santa María, que antes llamaban Cueyapan, o también Tlaquechiuhcan —donde están los que hacen camas de estera— ahora sólo habitado por los vencidos, mucho más limpios que los vencedores.

No pocas veces su mente la martirizaba obligándola a resolver una incógnita: ¿Acaso quería estar cerca de los hombres de su raza? Varias veces en la soledad de su alcoba se preguntó:

—¿Será porque me siento desligada del autoritario y déspota "amo", que he llegado a la conclusión de que la gente mía posee cualidades superiores a los hombres venidos de España? ¡Cuántas veces en sus horas de soledad había hecho comparaciones, y una inexplicable tristeza la embargaba! Aquellos hombres eran superiores en todo a los nuevos hombres!

Y en ese instante en que oyó el débil llamado de las campanas de la ermita edificada por los franciscanos, con humedad en sus negras pupilas elevó su plegaria por igual al nuevo dios llamado Cristo, y al viejo dios llamado Tezcatlipoca.

La casa de la calle Real había quedado deshabitada y Malitzin vivía en la nueva, donde se sentía más tranquila. Una mañana Jaramillo la buscó para informarle que uno de los soldados venidos con Cortés a la Nueva España, iba a ser quemado.

—¿Quién es? —preguntó curiosa Malitzin.

—Hernando Alonso.

Malitzin era inteligente y su mente no olvidaba hechos, ni nombres, ni fisonomías. Respondió así:

—Bien lo recuerdo. Era herrero, natural de Niebla. ¿Quién lo condena?

—Fray Vicente de Santa María, el superior dominico, lo sentenció a morir en la hoguera.

—¿Qué hizo?

—Dicen que bautizó judáicamente en un Jueves Santo, a un hijo suyo, que ya había sido bautizado por fray Diego Companero, uno de los tres frailes franciscanos que anduvieron con nosotros en la conquista. Lo bautizó aquí, en la Iglesia Mayor, por manos del cura Juan Díaz ¿os acordáis de él?

—Cómo no acordarme, es natural de Sevilla y clérigo presbítero.

—Este será el primer acto de fe de estas tierras.

—Pero todo esto es injusto. El creía en el Dios blanco. ¿Qué le harían para que confesara? Porque él debe de haber negado todo.

–Así fue, señora, negó todo; pero "lo amenazaron con darle tormento y le pusieron delante del potro y otros instrumentos de tortura" y confesó.

– ¡Y confesó!

–Vos sabéis bien como son esas cosas ¿no recordáis lo que vuestros ojos vieron? Este año de 1528, en nuestra ciudad se inaugura un gran espectáculo. Me acompañaréis a presenciarlo.

Malitzin guardó silencio ¡Cuántos horrores había presenciado! ¡Cuántos gritos de dolor había escuchado! Mas al otro día, acompañada de Jaramillo dejó su casa para ir a presenciar la quema del español judío. Cuando llegaron a la Plaza Mayor, hervía de gente. ¿Era día de fiesta? Los vendedores de aguas frescas, golosinas y frutas, mezclaban sus pregones al murmullo de colmenar de los allí reunidos. Allí estaban las grandes damas, los ricos caballeros y los plebeyos, todos emocionados por el gran espectáculo.

Al llegar el alferez acomodó a su esposa en lugar preferente. La quema sería en la Plaza del Marqués (Monte de Piedad); allí se habían levantado dos tablados; en uno estaba Hernando Alonso y otro español llamado Gonzalo Morales. Aquello sorprendió a Malitzin; don Juan sólo le había contado de Hernando, pero no del otro.

Junto a ella, se hallaba Juan Malinche, a quien hacía tiempo no veía, y a quien en voz queda preguntó:

–¿Y Gonzalo Morales, por qué?

–Por amancebamiento, señora, y porque azotó un crucifijo, teniéndolo colgado de una aldaba, y además, atrás de la puerta le hizo muchos vituperios y lo orinaba.

Malitzin quedó silenciosa. Sus negras pupilas miraron indiferentes al otro tablado, descubriendo a fray Vicente de Santa María, al licenciado Altamirano y al gobernador Alonso de Estrada, a varios religiosos y personas distinguidas, entre las que se hallaba Juan Jaramillo. Malitzin contempló a Hernando Alonso y a Gonzalo Morales. ¡Cuántas veces los había visto acercarse a Cortés para saludarlo o recibir órdenes y los dos eran sinceros cristianos. Entonces ¿por qué estaban allí? ¿Por qué los habían condenado? ¿Quién los había calumniado?

Allí estaban los valientes soldados, luciendo, en vez de la vestimenta española, aquellos horribles sambenitos amarillos con figuras de diablos sobrepuestos. El tiempo transcurrió sin que nadie se moviera. La gente se impacientaba porque el secretario fray Pedro de Contreras no llegaba a leer la sentencia y a predicar el sermón, y la multitud se molestaba por el calor producido por un sol esplendoroso. Al mirar el semblante aterrado de los condenados, Malitzin quedamente comentó con Juan Malinche.

– ¡Cuán asustados están!

–Señora, ¿quién no se asusta ante la muerte tan espantosa que les espera? Mejor hubiera sido morir en batalla. Y lo que más me sorprende es lo que andan diciendo del tal Gonzalo Morales, de que echó hartos clavos en los bergantines que sirvieron para tomar México; y que después de que se le dio por encomienda el pueblo de Actopan, fue tres veces casado: primero con Isabel de Ordóñez, después con una de Cuyuacan, la cual murió aquí, y por último con Isabel Ruiz de Aguiar, mujer hermosa, hija de Alonso el Tuerto.

–Veo que lo conocéis bien.

–Tantos amigos, tantos compañeros y no hay nadie que los defienda.

Malitzin guardó silencio, pero mentalmente pensó que quién iba a defender a esos pobres, víctimas del odio y el sadismo. ¿Cuántos y cuántos inocentes había visto torturar, causando placer a sus verdugos? Sus cavilaciones quedaron interrumpidas cuando fray Pedro de Contreras empezó a leer la sentencia.

Nadie habló, todos escuchaban. Después los reos fueron conducidos al cadalso, y atados fuertemente a sendos maderos. Impasible, Malitzin contempló cómo amontonaban a los pies de los condenados gruesos leños. La joven mujer cerró los párpados. ¿Llegaban a su mente recuerdos de escenas pasadas? Las llamas no tardaron en enroscarse en los cuerpos de los ajusticiados. Un olor a carne chamuscada invadió a la multitud espectante, y el crugir de los leños hizo trepidar el aire cercano al cadalso. Los aguerridos soldados se retorcían, dejando escapar espantosos quejidos al sentir el fuego en sus carnes.

Y frente a ellos un fraile de negras vestiduras, teniendo en alto una cruz, exigía a gritos a los condenados que se arrepintieran de su herejía, porque si no lo hacían así, sus almas irían al infierno en donde las llamas los quemarían eternamente.

Malitzin pensó: ¿Habría tormento peor que el sufrido en ese instante por Hernando Alonso y Gonzalo Morales?

A la casa nueva, como la llamaba Malitzin, llegaban muy pocas visitas. Casi siempre eran españoles que buscaban a Juan Jaramillo, capitanes y uno que otro amigo de Cortés. Ella los conocía bien a todos, pero pocos, cuando se encontraban con ella, llegaban a saludarla. Por eso fue sorpresa el que llegara a recibir la visita de doña Ana de Cuéllar, hija de un señor de Tezcoco, casada con Juan de Cuéllar, buen jinete, quienes acababan de llegar de España. La princesa era hermosa y tenía fama de usar sólo vestidos hechos por los sastres Juan Brisca y Francisco de Olmos, y zapatos confeccionados por Pedro Nájera Moreno, los más famosos y caros de la Nueva España.

Doña Ana, en ese mundo de intrigas y envidias, tenía enemigas a granel; sus caudales, aseguraban las malas lenguas, provenían del tesoro de su padre, que mañosamente había ocultado a los conquistadores; por eso, aseguraban, ella, además de hermosa, podía darse el lujo de pagar las telas más costosas: brocados de plata, tisués, velludas milanas, moare y terciopelos que bien sabía lucir.

Marina de Jaramillo con su vestimenta indígena y doña Ana de Cuéllar, con sus galas españolas, quedaron frente a frente. Las jóvenes, hermosas de la misma sangre, sin embargo no se conocían. La dueña de la casa, después del habitual saludo, condujo a su visitante a la sala de estar, regiamente amueblada. Tomaron asiento en los acojinados sillones, y se miraron en silencio.

--Señora, ¿vos por aquí?

--No me lo váis a creer, hace tiempo quería veniros a ver. Pero viajo tanto con mi esposo, que estoy muy poco tiempo en la capital. Como acabo de llegar de España, me dije: a doña Marina le va a interesar lo que vi y supe en la Madre Patria. Mi esposo tuvo muchos negocios que arreglar y no pudo venir a saludaros, por eso vine sola.

- Os lo agradezco, doña Ana.

Estuvimos en Toledo a visitar a la madre de mi esposo, y os traigo muchas noticias de allá.

¿Noticias de la Corte?

- ¡Naturalmente! Por eso vine a buscaros. Mi esposo cree que a vos gustaría saber noticias de don Hernando.

- Pienso que serán magníficas.

--Y no os equivocáis. Cuando don Hernando llegó a Toledo, salió a recibirlo el conde de Aguilar, y muchos grandes señores de la Corte y del pueblo. Carlos V deseaba conocerlo, según dicen, por lo que lo recibió al otro día de llegado. Don Hernando se presentó ante el dueño del mundo acompañado del almirante Colón, del duque de Béjar y del comandante mayor Francisco de los Cobos.

--Buen recibimiento.

- Cuando el conquistador llegó hasta su majestad, se arrodilló, pero el emperador lo levantó benignamente, dándole permiso de hablar, y don Hernando relató todos sus servicios y las intrigas e infamias de sus envidiosos enemigos.

¿Y su majestad le escuchó?

Mi esposo me aseguró que con agrado, y no sólo hizo eso: tomó con sus propias manos el memorial que llevaba escrito en donde relata todas sus hazañas, prometiéndole el emperador premiar tan grandes servicios y poner remedio a los desafueros de que se quejó.

--Don Hernando empieza a ocupar su merecido lugar al lado de su majestad, ya que nadie le ha ofrecido nada tan valioso como esta Nueva España. Don Hernando llegará muy lejos.

—Nadie duda de que llegará muy lejos. ¿Sabéis con quien va a casarse?

—No, pero supongo que con alguna castellana de rico caudal.

—¡Qué bien lo conocéis!

—Don Hernando siempre fue muy dado a las mujeres; pero sin compromisos. Dicen los que lo conocen "que gasta liberalmente en la guerra, en mujeres, amigos y antojos."

—¿Y vos que decís de eso, doña Marina?

—Que quien dice eso, dice la verdad.

—¿No le llamaban asesino y burlador de mujeres? Vos sabéis bien que mató a doña Catalina; además se dice que a las hijas de Moctezuma, doña Ana y doña Inés, después de violarlas y quien sabe a cuántas más; pues ya véis que violó a Leonor Pizarro, y a Antonia Hermosillo, y a tantas mujeres nobles de nuestra raza, así como a plebeyas. Para sus caprichos todas eran iguales.

—Esas eran de aquí ¿y en su tierra?

—Bueno, de esas pobretonas de su tierra ya ni se acuerda; ahora le gustan las de abolengo y caudal.

—Siempre le han gustado los buenos negocios.

—Así es, se murmuraba que iba a casar con Francisca de Mendoza, cuñada de don Francisco de los Cobos, poderoso secretario del emperador.

—Buscando como siempre el oro.

—¡Claro! Pensó que con el cuñado cerca del emperador, recibiría nuevas mercedes y grandes favores. Don Francisco de los Cobos, con el puesto tan alto que ocupa cerca del dueño de casi todo el mundo, halaga el interés de don Hernando y se siente orgulloso de emparentar con el conquistador de México.

—Entonces se casará con esa castellana noble.

—¡No! No se casará con ella.

—¿Pero por qué no?

—Sencillamente porque nuestro veleidoso capitán, dejo plantada la susodicha Francisca de Mendoza y piensa casarse con doña

Juana de Zúñiga, hija del conde de Aguilar, don Carlos Ramírez de Arellano, y sobrina de Alvaro Zúñiga, duque de Béjar.

–Tal vez doña Juana tenga más caudal que doña Francisca.

–Creo que es de mejor cara. Y eso le va a costar muy caro.

–¿Por qué?

–Porque a doña María de Mendoza, esposa del comendador mayor de León, y hermana a su vez de la esposa del secretario de su majestad, le dio muchas joyas; pero a doña Juana le dio "grandes presentes de muchas joyas de oro de diversidad de hechura". Además le dio mucho oro y perlas y "ciertos tejuelos de oro muy fino para que se hiciese joyas, y tras ello le mandó dar mucho liquidambar y bálsamo para que se sahumara."

–Siempre desconcertante.

–Mi esposo oyó en la corte decir: Si Cortés no fuera a desposarse con doña Juana de Zúñiga, sobrina del duque de Béjar, ciertamente tuviera grandiosos favores del comendador mayor de León y de la señora doña María de Mendoza, su mujer, y su majestad le diera la gubernatura de la Nueva España.

–¿Por eso, sólo por eso no se la darán?

–¡Claro que no se la darán! Porque cuando supo Francisco de los Cobos que se iba a casar don Hernando y se pensaba hacer el casorio en grande, en las tierras del tío de la desposada, el duque de Béjar; "aquella complacencia y singular querencia que sentía por don Hernando, se trocó de súbito en llamaradas de enojo, en odio mortal, por el desaire de no aceptar en casamiento a su cuñada doña Francisca, habiendo, como había, formales tratos sobre ello."

Buen enemigo se agenció; un enemigo que le hará todo el mal que pueda.

–¿No creeis que algún día tenía que pagar su eterna conveniencia?

Malitzin no contestó. A ella no le importaba nada del extremeño; ella sólo ansiaba saber de su hijo ¿sería llevado al lado de la madrastra? Pero nada se atrevió a preguntar ante el temor de sufrir un dolor más. Cuando salió la hermosa doña Ana de Cuéllar, y se cerró el portón tras de su grácil figura, se refugió en su alcoba para llamar a su hijo con reclamos de cierva herida.

Una tarde en que Malitzin se entretenía mirando jugar a su pequeña con una muñeca de petate, oyó voces alteradas en una de las estancias de la casa. Intrigada, dejó a su pequeña y se dirigió hacia donde partían las voces y atisbó discretamente tras los cortinajes.

Acomodados en los sillones fraileros se hallaban su esposo y don Alonso Pérez Valero, conversando animadamente. Lo que habían charlado antes, a pesar de que las voces hacía tiempo resonaban, nunca lo sabría; pero en cambio escuchó a Alonso Pérez Valero contar a Jaramillo, que él "había llegado a esa ciudad trayendo una provisión de su majestad, que le hacía merced de un regimiento, e que dicho cabildo no hacía otra cosa, de miedo del dicho D. Fernado, porque en todos los cabildos y en las cosas que en ellos se hacían, no se hacía ni osaba hacer otra cosa sino aquello que el dicho Fernando Cortés mandaba asentar en el libro del cabildo, y que aquello firmaban los regidores, y en su misma casa del dicho Hernando Cortés se hacían los cabildos, y no hablaba ninguno más de lo que decía en todas las villas de la Nueva España."

Hubo un corto silencio, tal vez llenaban las copas de nuevo, luego se oyó cómo las entrechocaban, y la charla prosiguió. La voz de don Alonso llenó de ecos la gran sala:

—"Porque como dicho tengo, los cabildos no hacen ni osan hacer nada más de lo que el dicho D. Fernando les envía o manda".

—Pero eso fue hace tiempo; hoy las cosas han cambiado, don Alonso. La situación de don Hernado es ahora muy distinta. Es más, sus enemigos, que son muchos, tratan de destruirlo en todas formas.

—Si os conté esto, es para que vos y yo hablemos de las vueltas que da el mundo. Ayer todo poder, ahora todo indeciso. Gran golpe para quien se creía rey.

—Bueno, la suerte es gran factor en la vida de los humanos. Con su llegada hasta el emperador, no es difícil que vuelva a ampararlo su estrella.

—No, mi señor don Juan. Todo el poderío de don Hernado se acabó. Yo diría que está acabado. Y créame, mi señor, a pesar de recibir tantos homenajes en España, aquí el Juicio de Residencia está en puerta, y no creo que salga muy limpio. Vos lo sabéis tan bien como yo.

—¿Lo creéis así?

—No sólo lo creo, sino lo afirmo. Don Hernando no llegará a gobernador de la Nueva España. Acordáos de lo que os estoy diciendo. ¡La estrella de Cortés se ha eclipsado!

Una silla que se movió, unos pasos que parecían acercarse a ella, obligaron a Malitzin a volver al lado de su hija. La pequeña seguía jugando con su muñeca, su cuidadora sentada cerca de ella sobre la gruesa alfombra. Cuando ella se refugió en la soledad de su alcoba, quedó pensativa: ¡Cuánto odio inspiraba el padre de su hijo! ¡Qué destino tan amargo el de su pequeño Martín, mezcla de dos razas tan distintas! La una, extremadamente limpia. No olvidaría nunca cómo, cuando llegaron los conquistadores y tuvieron contacto con los pueblos nativos, los señores de ellos llevaban ramilletes de olorosas flores porque los extranjeros olían mal. Los de su raza, esa raza destruida, eran de costumbres ejemplares, recatados, respetuosos, valientes. En cambio los españoles eran sucios, grotescos, ambiciosos, lujuriosos y sobre todo, vanidosos, creyéndose semidioses.

¿Cuál sería el destino de su hijo? ¿Acaso él pagaría los errores de su padre? ¿Llegaría a ser tan ambicioso y cruel como él? ¿Acaso llegaría a ser un gran señor? Un velo de tristeza cubrió su linda cara, y ella tan escéptica, tan indiferente a todo, sintió deseos de llorar.

El juicio de residencia empezaría el 29 de enero de 1529. Los testigos fueron señalados por la misma audiencia y, como era natural, por Nuño de Guzmán, Juan Ortiz de Matienzo y Diego Delgadillo, que buscaron para ese efecto a los más encarnizados enemigos de Cortés. La citación debía de ser secreta y antes del día veintinueve; pero desde fines de diciembre de 1528 citaron a Bernardo Vásquez de Tapia, Gonzalo de Mexía, Cristóbal de Ojeda y Juan de Burgos, dejando para días después a Antonio Villarreal. También fueron citados en el mes de enero Juan Coronel, Francisco Verdugo, Gonzalo Ruiz, Francisco de Orduña, Juan Tirado, Andrés de Monjaraz, Alonso Pérez Manco, Domingo Nuño, Alonso Ortiz de Caniego, Bartolomé de Santa Clara, Jerónimo de Aguilar y García Pilar. Y lo más sorprendente e increíble: a Marina de Jaramillo.

¿Por qué la mayoría de los documentos históricos no lo registran? ¿Acaso porque seguían teniendo de ella el concepto de insignificante y despreciable? ¿Por qué? ¿Sólo porque era india? ¡Pero ella fue llamada como testigo!

Tal vez la audiencia llegó a desentrañar el secreto de la noble india. Tal vez le llegó el rumor de que Malitzin nunca sintió amor por el hombre que la había ultrajado, nulificado, despreciado y aherrojado en cuerpo y alma. Por lo que haya sido, ella fue llamada como testigo de cargo, y sin embargo, todos callaron. ¿Por qué?

Pero hay un documento valiosísimo que poseía el sabio e ilustre historiador doctor Ignacio Romerovargas Yturbide, el *Juicio de Alvarado,* donde consta que fue llamada a declarar doña Marina de Jaramillo, como testigo. ¡Qué gran revelación histórica hubiera sido su testimonio sin la influencia de Cortés, poseedora ella de los más recónditos secretos de la conquista! La Audiencia tuvo sus motivos para llamarla, estaba segura de que no defendería a su verdugo, y confiados esperaban que descubriera los secretos infamantes del conquistador.

Debió haber estado muy segura la Audiencia de que Malitzin sólo había sido un instrumento sin voluntad en las manos asesinas de su dueño. Los integrantes de la Audiencia estaban seguros que la esclava inteligente, ya sin vigilancia, hablaría de todos los errores y crueldades de Cortés. Y confiados esperaban que la joven mujer abriera los labios, vengando con sus palabras todas las ofensas, los insultos, las humillaciones y sobre todo, el secuestro de su hijo.

Las campanas de la iglesia de San Erancisco parecían llorar de tristeza. Era una tarde gris, tan gris, que parecía que un manto tupido escondía al sol. Malitzin, estaba triste. Encerrada en su alcoba de pesada cama de caoba, corridas las cortinas de grueso terciopelo, sin lágrimas, atisbaba la calle.

El recuerdo de su hijo lejano le hacía buscar en la distancia el milagro de verle doblar la esquina de la calle de Donceles. ¿Por qué no esperar un milagro? Ella noche a noche lo pedía a sus dioses y al nuevo dios, porque si unos no la oían, tal vez el otro sí.

De pronto el aldabón de hierro forjado, golpeó fuertemente el gran portón de recia madera claveteada de plata. Malitzin se sobresaltó ¿quién podía llamar con tanta premura, cuando el señor de la casa estaba ausente de la ciudad? Intrigada oyó los pasos del que abría la pesada puerta y luego escuchó voces. ¿Quién preguntaría por ella? ¿Quién podía interesarse en si vivía o no? Sus cavilaciones fueron interrumpidas por el sirviente que respetuosamente le comunicó que un alguacil la buscaba.

–¿Un alguacil? ¿Qué querrá?

La señora de la casa, sin prisa se dirigió al descanso de la escalera, donde de pie la esperaba el correo, quien después de saludarla, ceremonioso le entregó en propia mano un pliego lacrado.

–¿Os ordenaron entregarlo a mí?, preguntó intrigada Malitzin.

—A vos y en propia mano.

La bella mujer, sin preguntar más, recibió la misiva, y cuando quedó sola, sintió que le latía apresuradamente el corazón ¿sería del padre de su hijo, que arrepentido de su mala acción la manda llamar? ¿O acaso le anunciaría que en el próximo navío le enviaría a Martín, porque el niño la extrañaba y la necesitaba mucho?

Sus manos nerviosas desdoblaron el pliego, y a medida que lo leía sintió que la desilusión la mareaba.

— ¡No era posible! ¡No era posible!

El Cabildo la citaba, como importante testigo en el Juicio de Residencia de Cortés. Anonadada, no podía entender a qué se debía el que la citaran como testigo; además nadie sabía si acudiría a declarar o se negaría a ello. En un instante volvió a su mente el recuerdo del hijo por quien tantas ocultas lágrimas derramaba. Lo peor es que tenía la certeza de que Juan Jaramillo debió estar de acuerdo con el extremeño para cometer tan vil felonía.

¡Los dos hombres la habían traicionado! ¡Los dos la habían quitado a su hijo! ¡Los dos la habían despreciado siempre como mujer y como madre por el sólo hecho de ser india!

Cuando hubo pasado su sorpresa y su rencor, trató de saber quienes eran los otros testigos. ¿A quién recurriría? Ella estaba sola, y no sería Juan Jaramillo quien le dijera lo que ansiaba saber. Además el esposo hacía días que había salido para el pueblo de Tacuba. ¿Quién podría informarle de los nombres de los testigos? Y pensando, pensando, acabó por recordar que su marido y ella conocían a un secretario empleado en la Audiencia, natural de Plasencia, llamado Pedro de Valencia, un anciano que en la vida azarosa de la conquista estuvo siempre cerca de Cortés. El era el único que podía ser franco con ella; él, que siempre la había admirado; por lo que ni tarda ni perezosa lo mandó llamar con un sirviente indígena. El hombre escogido para esa misión partió presuroso, y ella, silenciosa, espiando por la vidriera de su alcoba, esperó ansiosa. No tardó en ver al sirviente y al secretario doblar la esquina de Donceles, por lo que se encaminó hasta el final de la monumental escalera. Don Pedro Valencia fue recibido afectuosamente por la dueña de la casa.

—Gracias, don Pedro, gracias por venir. Dijo con voz emocionada Malitzin, tendiéndole la mano.

—Aquí me tenéis, doña Marina. Aquí, para lo que tengáis a bien mandarme.

La esposa del alferez, seguida del recién llegado, se dirigió a la estancia cercana.

—Sentáos, por favor, viejo amigo.

—Bonita casa tenéis. ¿No os gustaba la anterior?

—Demasiado ruido y demasiados malos olores.

—¿Aquí estáis a gusto?

—A gusto, don Pedro. A gusto.

—Lo que mucho me satisface. ¿Y para qué me queréis?

—Algo muy sencillo me hizo llamaros. Me acaban de citar como testigo en el Juicio de Residencia de don Hernando, ¡a mí que siempre estuve al lado del capitán Cortés!

—Pues por eso, señora, por eso os citan. Nadie sabe tanto de la conquista como vos, que estuvísteis siempre presente en todo momento ¿Cómo no llamaros?

—Pero don Pedro, ¿no piensan que yo puedo callar?

El anciano la miró intensamente, como queriendo adivinar sus más recónditos pensamientos; y sin dejar de examinar esos hermosos ojos, dijo:

—¿No os ha dolido el que felonamente os hayan quitado a vuestro hijo?

Al oír tal cosa Malitzin sintió como si un puñal atravesara su corazón. Su respiración se hizo agitada, mas cerró fuertemente los labios. El anciano, sereno, dejó escapar su voz:

—Doña Marina, debéis ir. Nadie como vos conocéis toda la verdad. No tengáis miedo, señora, de encontrar mal en ello. Los falsos valores deben caer por tierra. Los ídolos de barro deben desmoronarse. Vos sois inteligente y habéis sufrido mucho, señora, dejad que los secretos de vuestro corazón salgan, como sale el agua limpia del venero a la luz del día. ¡Y no temáis nada, nada, señora, que una madre jamás olvida!

Regresaba del antiguo barrio Cueyecan, ese barrio que fue bello cuando aún existía la Gran Tenochtitlan. Era un barrio hermoso en el que todas las casas estaban rodeadas de matas floridas, que tenía su Tepuchcalli para educar a los jóvenes, además de un teocalli para venerar a Nappatecuhtli, dios de los que hacían icpallis y petates.

El barrio era importante, pues sus moradores conocían bien las juncias llamadas petlatollin, que eran medicinales; las nacacetolli, juncias toscas usadas para fabricar petates burdos, toscos. Otros confeccionaban mantas de juncias, llamadas attapilpétatl, petates muy finos, jaspeados, de juncias blancas y verdes, muy apreciados en las fiestas de los dioses de la lluvia. También había hombres diestros en la confección de icapillis —asientos sin respaldo—, aventadores y ojeadores de moscas, llamados coxolecaceoaztli, cestos llamados otlatompiatli y cabeceras cuadradas lisas o pintadas.

Además fabricaban con las juncias juguetes, muñecos, guerreros, muñecas, perros, venados y mil curiosidades belllas. Pero todo eso había sido arrasado, todo destruido. Ya no existían las casas llenas de flores, ya no existía ni el Tepuchcalli ni el Teocalli, en cambio había surgido allí, en el antiguo barrio Cueyecan, uno nuevo llamado de Santa María, míseras chozas cuyos habitantes eran todos esclavos.

Malitzin, cuya nueva casa estaba cerca de ese barrio, no pocas veces iba allá en busca de una mujer, hija de nobles, educada en el Calmecac donde aprendió el arte magistral del bordado, y que ella buscaba para que engalanara sus huipillis y cueyetls que ella aún usaba.

Esa mañana, al regresar a su casa e ir en busca de su pequeña María, encontró acompañando al aya de la niña, a otra mujer española como Catalina, quien al ver llegar a su señora, levantándose apresuradamente le dijo:

—Es mi pariente, señora, hace mucho que no nos veíamos. Malitzin la miró en silencio, la desconocida sonrió y como Catalina viera que doña Marina sin decir nada sólo la veía, explicó:

—Se apellida Olea, es hermana de Cristóbal de Olea.

Malitzin recordó al instante al viejo Olea, por lo que preguntó:

—¿Así que Pedro de Olea es vuestro pariente?

—Sí, señora. Los dos nacimos en Medina del Campo. ¿Lo recordáis, señora? Fue un esforzado soldado de don Hernando.

—Sí mujer, bien lo recuerdo. Hay cosas que no se olvidan. Cristóbal de Olea salvó la vida de don Hernando varias veces.

—Entonces lo recordáis bien, señora, dijo emocionada el aya de la pequeña María.

—No podría olvidarlo. La primera vez que eso sucedió fue en "lo de Xochimilco, cuando el capitán se vio en gran aprieto; lo habían derribado los meshicas de su caballo El Romo y los escuadrones de guerra lo rodeaban, y Cristóbal de Olea llegó de los primeros a socorrerle, e hizo tales cosas por su persona, que tuvo lugar para volver a montar su caballo volviendo a cabalgar, para después socorrerlo los tlaxcaltecas y otros soldados."

—Esa vez mi hermano quedó mal herido.

—Así fue.

—¿Recuerda señora, cómo sucedió la segunda vez, aquí en México?

—Yo nada olvido. Esa vez fue la noche de nuestra derrota,

cuando los meshicas nos desbarataron en la calzadilla, y al mismo don Hernando lo tenían asido y aprisionado por un escuadrón de guerreros para llevarlo a sacrificar, y ya le habían dado una cuchillada en una pierna; pero el bueno de Olea con ánimo muy esforzado, peleó tan valerosamente que les quitó de su poder a don Hernando.

– ¡Pero él allí perdió la vida!

Catalina había oído todo en silencio. Finalmente dijo:

–Era un animoso varón; cada vez que le recuerdo se me enternece el corazón.

–Dos veces le dio la vida. Lástima que haya muerto, porque don Hernando le hubiera colmado de riquezas y satisfacciones.

–También dicen que con él murieron muchos.

–Sesenta y dos, aunque se dijera que sólo 28. Malitzin quedó pensativa, para después asegurar:

– ¡Mala noche! Si parece que en este instante vuelvo a vivir aquellos trágicos momentos. Parece que aún estoy allí, mirando la desesperada lucha del valiente soldado Cristóbal de Olea, le veo acribillar a muchos meshicas; pero también veo cómo es atacado, como cae muerto.

– ¡Jesús, señora!– que Dios le tenga en su reino.

Y las dos castellanas se santiguaron.

Don Hernando Cortés disfrutaba en España de una vida de halago y placer, en tanto la Nueva España era un caos de intrigas en el que se acumulaban las acusaciones.

Como remedio a los trastornos de la Colonia, el rey pensó formar una Audiencia; pero no fue tampoco acertada esa fórmula para resolver las dificultades.

La Audiencia, la primera que iba a tener la Nueva España, la formaban los oidores Juan Ortiz de Matienzo, Diego Delgadillo, Alonso de Parada y Francisco Maldonado; además le escribieron a Nuño de Guzmán, que estaba en el Pánuco, para que regresara a la ciudad de México. Los cuatro oidores desembarcaron en Veracruz el 6 de diciembre de 1528, siendo recibidos con muestras de alegría y regocijo.

Una de las órdenes del rey que traían los oidores, era que llegando a la Nueva España, se procediera a tomar relación de Hernando Cortés, de sus tenientes y oficiales reales, y que a todos ellos se les exigieran cuentas de los caudales que habían manejado; que la Audiencia, antes de ejercer su autoridad, formase y publicase el arancel de derecho que habían de aplicar para evitar abusos.

Como la Audiencia tenía un carácter netamente jurídico, le llovieron los pleitos entre indios, pobladores y conquistadores. Surgieron en gran número los pleitos y procesos, ya que la ambición desmedida de Hernando Cortés, la crueldad de sus actos, la avaricia y la vanidad, hicieron de él un hombre odiado por muchos.

Al poco tiempo murieron los oidores Francisco Maldonado y Alonso de Parada, quedando sólo Juan Ortiz de Matienzo, anciano, y Diego Delgadillo, aún en la mocedad.

Matienzo y Delgadillo comenzaron a gobernar, y antes de la llegada de Nuño de Guzmán, el factor Chirinos, diestro en toda clase de intrigas, audaz y osado, logró hacerse de poderosas influencias con ambos oidores, les buscó alojamiento y servidumbre, colmándolos de regalos. Era un vulgar lambizcón, precursor de los políticos del siglo XX.

Por su parte, Gonzalo de Salazar sostenía abundante correspondencia con Nuño de Guzmán, a quien lo unía un común rencor contra Cortés, informándole de todo lo relacionado con éste que pudiera causar regocijo al encarnizado enemigo del conquistador. Y cuando supo que Nuño de Guzmán dejaba el Pánuco, se preparó para recibirlo con gran solemnidad, mandando a muchos de sus criados y amigos a su encuentro, enviándole regalos, víveres, vajilla de plata, sedas, paños y hasta sastres para que le hicieran trajes. Poco después salió también el veedor Chirinos al encuentro de Guzmán, llevándole danzas y maromeros.

Entre todos, al poco tiempo comenzaron a quitar encomiendas, tierras y solares a Cortés y sus amigos, en México y las demás provincias, dándoselas a los partidarios del presidente, de los oidores y de Gonzalo de Salazar. ¡Cuánto odio para quien les había dado un imperio! Porque a pesar de que el rey había enviado su Real Cédula, los enemigos de Cortés deseaban destruirlo, aniquilarlo. La Real Cédula decía:

"Presidente e oidores de nuestra Abdiencia de la Nueva España e otras qualquier xusticia della.

Porque don Hernando Cortés es venido a estos reynos e yo e sido servido de ello, e mi voluntad es, que fasta tanto otra cosa mande, no se le faga novedad en los yndios e pueblos e otras cosas que tiene en la Nueva España, por ende, yo hasta que como dicho es otra cosa mande, non fagáis ni consintáys ni déys lugar a que al dicho don Hernado Cortés se faga novedad ni mudanza alguna en los yndios e pueblos e otras cualquier cosas que tenía e poseía al tiempo que partió de la dicha Nueva España para venir en estos reynos, sino que lo dexéis todo a las personas que en su nombre quedaron e quien en su poder obieron, en aquella manera y en aquel punto y estado que entonces estaba, porque ansi cumple á nuestro servicio. Fecha a veinte e nueve días del mes de xunio de mil quinientos e veinte ocho años.

Yo el Rey.–Por Mandato de su Majestad, Francico de los Cobos."

Una mañana Juan Jaramillo fue en busca de Malitzin. Pocas veces se hablaban; pero esa vez había algo inusitado que ella debía saber.

Para entretener sus horas de ocio, Malitzin bordaba con finura un mantel, cuando llegó el compañero y en silencio tomó asiento. Malitzin siguió bordando simulando no haberle visto, por lo que el hombre un poco molesto habló:

—No sé si estáis enterada de que el seis de diciembre, acompañado de cuatro oidores de la Audiencia, el apostólico varón don Juan de Zumárraga desembarcó en Veracruz.

—No lo ignoro. Todos le han recibido con cariño.

—Es obispo, y trae una provisión real para la defensa de los indios.

—Lo sé. Ya los míos tendrán un defensor, ya tendrán quien los consuele. Renacerán las esperanzas, y vendrá la confianza.

—Pues bien, el señor obispo, por mano de un fraile, nos manda decir que sabiendo que aun vives, desea conocerte, y tomar el chocolate en nuestra compañía. ¿Qué decis?

—Que aún hay gente buena que se acuerda de "la india"

—No empecéis, señora. A vos yo nunca os he ofendido.

—Ni tampoco aceptado.

—Ese es otro cuento.

—¿Y cuándo vendrá el ilustrísimo varón?

—Esta tarde, antes de que oscuresca.

—Poco tiempo para preparar el convivio.

Sin prisa abandonó el bordado y se dirigió a la cocina ¡Había que dar apresuradas órdenes! Sacar la vajilla de plata, los manteles y las copas y llamar a dos sirvientes que sin pérdida de tiempo fueron en busca del repostero de Cortés, el señor San Miguel, para que enviara cajas de conservas, colaciones, tortas, manjares de exquisita fragancia y encanelados gaznates.

A media tarde, la mesa lucía rico mantel toledano y encima los candelabros de plata, las fuentes de cristal cortado, las charolas de oro y plata llenas de exquisiteces, y la vajilla de talavera. ¡Todo en orden! ¡Todo hermoso!

Al caer la tarde llegó a la casa de los Jaramillo el obispo acompañado de sus ayudantes. El señor lo recibió con grandes muestras de respeto, conduciéndolo a la sala de alfombras y cortinas carmesí. Malitzin, con su hijita de la mano, esperaba. Al verla tan joven y hermosa el obispo sonrió.

—Doña Marina, mis respetos— e hizo un cariño a la pequeña.

Malitzin se arrodilló ante él; pero no besó la mano, sino que ingenuamente la tomó para colocarla sobre la cabeza de su pequeñita.

El obispo sonrió, y sin decir nada tomó asiento en uno de los cómodos sillones, y tras él todos los varones, mas al notar que la joven madre seguía de pie, se dirigió a ella y con un ademán la invitó a sentarse junto a él. Malitzin, seria, pidió permiso para retirarse, pero el obispo le dijo:

—No te vayas, hija, que he venido a verte. Toma asiento junto a mí.

Malitzin, obediente, se acomodó cerca del prelado, no sin antes llamar a el aya de su hija para que se la llevara.

—Bonitilla es vuestra hija. Tiene los ojos vuestros y la piel del color de su padre. Es hermosa la chiquilla.

Malitzin no contestó, sus ojos tristes observaron cómo desaparecía su hija de la sala.

Los sirvientes ofrecieron en copas de fino cristal transportadas en bandejas de plata, vinillos de España, la aloja, el rosalí y la clarea, brindando por una feliz estancia del señor obispo en la capital.

La conversación se hizo amena, y cuando empezaron a parpadear las luces de los candelabros, pasaron al comedor.

—¡Oh, cuántas delicadezas hay aquí! ¡Qué ricuras! ¡Qué variedad de manjares! Parece, señora, que vos conocéis mis gustos: hojaldres, hojarazcas, rodeos, encanelados y rosquitas de manteca.

Tomaron asiento en torno de la mesa bien servida, y las tazas fueron llenadas con humeante chocolate.

—Riquísimo, señora doña Marina, riquísimo. Y el señor obispo sumergía las delicias pasteleras en el chocolate ¡Delicioso! ¡Delicioso!

—Es chocolate hecho en casa; aseguró Jaramillo. Mi señora esposa vigila se aderece con medros, vainilla, leche, canela de Ceylán, azúcar blanca y almendra y huevo.

—La señora de Jaramillo es toda una dama.

La taza del obispo había quedado vacía, por lo que dirigiéndose a la anfitriona pidió:

—¿Queréis, doña Marina, volver a llenar mi tazón con el regio chocolate que preparais con maestría? Su fragancia es exquisita; pero más de ver es lo bien que sabéis espumarlo, y mira hija, el chocolatito sin espuma parece agua de acequia.

Jaramillo rió; ella hacía mucho había perdido la virtud de reír. Las golosinas fueron disminuyendo apresuradamente, por lo que la dueña ordenó se colocaran sobre el mantel de fino encaje, salvillas de macizo y labrado metal con membrillos confitados, yemitas, natas reales y roscas de alfajor hechos en casa.

El señor obispo repetía satisfecho:

—Todo exquisito; en esta casa se advierte la mano sabia de una gran dama. Conocéis, doña Marina, la magia de la cocina.

—No totalmente, vuestra señoría; mucho de lo aquí ofrecido a vuestra santa persona, se debe al repostero San Miguel y a la negra Angustias, recién llegada de Cuba.

—Todo magnífico, todo delicioso, y buena cuenta hemos dado de los bocadillos y manjares.

—Lo cual me enorgullece, su ilustrísima —aseguró modestamente Malitzin.

Las luces de las velas de los candelabros se multiplicaban en el cristal de las finas copas y el servicio de plata brillaba más bajo el parpadeo de las velas.

—Ahora que mi estómago está satisfecho, quiero, señora mía, que sepáis a qué he venido al corazón de la Nueva España.

Se hizo el silencio, por lo que don Juan de Zumárraga habló:

—Sabréis que lo primero que hice al llegar aquí, fue reunir en San Francisco a los principales caciques y señores de indios, sirviéndome de intérprete fray Pedro de Gante, a quien di a conocer la misión que traigo del rey, como protector de los indios; pidiéndoles que acudan a mí con sus quejas.

—¿Y ya han buscado a vuestra ilustre señoría? —preguntó intrigada Malitzin.

—¡Claro que sí! Aunque pronto surgirá la discordia. Pero de todo estoy levantando información para enviarla al rey.

—Supongo que serán muchas las quejas —dijo Jaramillo.

—¡Muchas! ¡Muchas!

—El rey ya está enterado del despojo que han hecho de las encomiendas y solares de don Hernando y sus amigos?

—¡Claro, hija! Todo eso lo sabrá el rey. Y no sólo eso, sino todos los atropellos que reciben los de tu raza. Por eso quise conocerte, quise además pedirte que comprendas mi amor a los indios, porque es odioso el atropello que sufren las gentes que fueron dueñas de estas tierras.

—¡Ojalá, santo padre, puedan encontrar en vuestra señoría consuelo!

—Yo seré su protector. Y no perdonaré injusticias ni atropellos, ni a ricos ni a influyentes.

—Así necesitábamos un varón como vos —aseguró Jaramillo.

—Y para empezar estoy resuelto a que se condene a un tal Berrio "que camino de Oaxaca, asaltó en Tezcoco un colegio que estaba bajo la protección de los frailes franciscanos, donde se educaban muchas de las hijas de los señores principales de esa provincia, sacando a la fuerza a las dos jóvenes más hermosas, llevándoselas a Oaxaca."

—Y no sólo eso —aseguró Malitzin yo sé que ese mismo Berrio, "para divertirse, arrojó a sus perros sobre los desdichados indios, riendo a carcajadas al contemplar cómo los despedazaban."

—Todo eso que dices, hija, es verdad. Y te prometo nada encubrir a nuestro señor el rey. No sé que pensará tan noble señor al saber "que los señores de Tlatelolco de esta ciudad, vinieron a mí, llorando a borbollones, tanto que mi hicieron gran lástima, y se quejaron diciendo que el presidente e oidores les pedían sus hijas y hermanas y parientes que fuesen de buen gusto, y otro señor me dijo que Pilar les había pedido ocho mozas bien dispuestas, para el presidente, a los cuales yo dije, por lengua de un padre guardián, que era mi intérprete, que no se las dieran, y por esto dicen que han querido ahorcar a un señor de éstos."

Las llamas de las velas empezaron a consumir la cera y afuera las sombras invadían la ciudad. La tertulia fue decayendo. El señor obispo se levantó de su asiento, dio las gracias por la ricura de la merienda, alabó otra vez la delicia de las golosinas y empastelados, y prometió volver otro día a gustar tan sabroso agasajo. Los acompañantes del prelado, muy erectos, dejaron los sillones de cuero y después de que don Juan de Zumárraga bendijo la casa, todos satisfechos dejaron la morada de los Jaramillo para desvanecerse en la sutil neblina de la noche.

En el descanso de la alta y ancha escalera de su casona, el alferez Juan Jaramillo esperaba el encuentro del compañero de armas a quien hacía mucho no veía. Lentamente subió los peldaños don Pedro Moreno Medrano, vecino de la muy noble ciudad de Veracruz en donde había desempeñado varias veces el cargo de alcalde ordinario, hombre recto en justicia, muy buen servidor de su majestad, como soldado y como juez. Tan luego como llegó a lo alto, Jaramillo abrió los brazos y en ellos se arrojó el amigo y compañero. El apretón fue tan fuerte que en las estancias cercanas resonaron las palmadas en la espalda.

- ¡Oh compañero, creí no volveros a ver! —aseguró el recién llegado, cuando hubieron terminado las demostraciones afectuosas, sentados ya en los acogedores sillones.

—¿Qué os podría decir? Tengo un gran caudal y paz.

Don Pedro pasó su mirada por la amplia estancia: todo era lujoso, acogedor, de exquisito gusto.

—¿Y vuestra esposa?

—Bien. Tenemos una hija, muy bella, la Marica.

—Supísteis escoger compañera. Doña Marina es inigualable, gloria de todos nosotros.

—Así es.

—¿Y vuestra hija se parece a vos?

—¡Poco!

Y como si Moreno sorprendiera el tono decepcionado del amigo, cambió de tema.

—Compañero, ¿qué pensáis de las cosas que están sucediendo?

—En verdad muy malas. Malamente fue aconsejado el emperador para que nombrara la audiencia.

—El emperador llegó al colmo del desacierto; mirad, compañero, que recaer la presidencia en Nuño de Guzmán, el aborrecido gobernador del Pánuco, acérrimo enemigo de Cortés, y el hombre más perverso de cuantos han pisado la Nueva España.

—Y lo increíble —aseguró— don Juan —este aborrecible hombre, por ingratitud del rey, viene a gobernar tierras que Cortés ganó; se va a aprovechar del trabajo de todos nosotros, "se cree émulo de Cortés en gloria, y desahoga sus ruines pasiones en constantes intrigas contra el conquistador."

—Y no sólo eso. En su rabioso encono contra Cortés, a cada paso dice: "Dádme criado o amigo de don Hernando Cortés y dároslo e traidor"

—Y apenas ha llegado, ya empieza a quitar encomiendas y reparte tierras y pueblos que no le pertenecen, y trata como enemigos a todos los pobladores españoles, a quienes por cualquier pequeño motivo los afrenta, azota, da tormento, les quiebra los dientes, los destierra, aprisiona y ahorca; y en cuanto a los indios, los marca con hierro para luego venderlos.

—¡Cuántos y cuántos navíos han zarpado con destino a las islas, llenos de indios para ser vendidos como esclavos!

—¿Qué se puede esperar de él? Nuño de Guzmán esta lleno de avaricia, es terriblemente cruel, es desmedidamente ambicioso.

—Bien lo decís, don Juan, a ese mal hombre lo mata la envidia de las hazañas del conquistador, y desahoga sus ruines pasiones en constantes intrigas.

—¿Y sabéis don Pedro, que el aborrecido hombre, allá en Tacuba, en un gran solar de Cortés, está edificándose una gran casa de campo que según dicen desea sea digna de un rey?

– ¡Cuánta miseria! No sé a qué aspira ese hombre. A lo mejor quiere adueñarse de estas tierras.

–En verdad es doloroso no saber mágicas formas para abatir a los malos bichos.

Un esclavo negro llegó con una charola de plata labrada, en la que se erguían dos copas de fino cristal y un recipiente de licor ambarino. El anfitrión y su invitado tomaron su copa y después de que don Pedro lo hubo saboreado, exclamó satisfecho:

–Buen vinillo de la tierra.

–Vino de la Madre Patria, y no váis a creer que el que me lo envío fue don Alonso de Avila, aquel capitán, primer contador que tuvimos en la Nueva España, persona muy esforzada ¿os acordáis de él?

¡Naturalmente! Fue aquel Avila amigo de ruidos, y don Hernando, conociendo su inclinación, porque no hubiese cizaña procuró enviarle por procurador a la española, donde residía la audiencia real, y donde los frailes jerónimos mandaban, y le dio buenas barras y joyas de oro para contentarle.

Juan Jaramillo, llenó de nuevo las copas, y al elevar la suya, dijo:

– ¡Salud, amigo, por vuestros merecidos éxitos!

– ¡Salud!

Y en los recipientes de cristal se multiplicaban las luces del soleado día.

Varias noches intentó dormir ¡Imposible! La citación enviada por la Audiencia la había sumido en un caos de pensamientos, llenando su existencia de incertidumbre e intranquilidad. Había momentos en que su espíritu se sustraía a cuanto le rodeaba, replegándose en sí misma, para obligarla a analizar y sopesar los misterios insondables de la vida. Cuántas veces, en sus largas horas de insomnio, veía flotar entre las sombras de su alcoba rostros y rostros que parecían cernirse en los aires y esconderse entre los muebles. Cuántas noches y días, después de aquel momento inesperado, en mitad de sus dudas, su imaginación se detenía proyectando con rapidez febril secuencias de un lapso de su vida, tormentoso y cruel.

Pero esa noche, cuando las sombras vencieron y el cielo se coronó de estrellas, sus recuerdos se desbocaron y en su mente surgió una orgía de imágenes y de ecos que la obligaron a escuchar sin hilación los gritos y sollozos de los vencidos. ¡Y ya no tuvo paz!

Inmisericordes, se aferraron a ella los momentos crueles que desde niña presenciara, y que por temor tuvo que anular su sensibilidad de mujer, convirtiéndose ella misma al comenzar su esclavitud, en un ser duro, indiferente al dolor humano. ¿Cómo olvidar las contorsiones de los ahorcados? ¿Cómo borrar de su mente los gritos de los martirizados? ¿Cómo olvidarse de los presos enjaulados, pidiendo pan y agua? Ella había visto correr la sangre por las carnes desgarradas de los azotados, causando gozo a Cortés; como también cortar los pies a Gonzalo de Umbría. Y allá en Tecoatzinco, cortar las manos a cincuenta indígenas, enviándolos con los muñones ensangrentados a la capital de Tlaxcala.

Cuántas lágrimas sorprendió en las pupilas de hombres, mujeres y niños, cuando cual rebaños de ovejas eran llevados a que les marcaran con el hierro candente. ¡Cómo olvidar el miedo que los seres de esa tierra, que era la suya, sentían por los crueles blancos, ya que los hombres de todos los pueblos eran tomados como vasallos, y muchas veces obligados a entregar sus propios hijos para que trabajaran como esclavos. Y como si fuera poco, no tardó en enterarse de que su señor permitía que existieran los salteadores asalariados de ganaderos y estancieros, los que por trescientos pesos robaban niños y niñas indígenas, llegando por la noche para tomarlos sorpresivamente, montándolos en sus caballos, y llevándoselos muy lejos para que no pudieran volver; y esos hombres, orgullosos de su despreciable oficio, se decían unos a otros: "Vamos a caza de morrillos." Y por tal infamia nunca se les castigó. Y luego esos pobres seres que traían en los rostros el hierro del rey, y tantas y tantas eran las marcas de compradores y vendedores, que más que rostros humanos parecían mapas de tantas cicatrices.

¿Y dónde quedaban los gritos de los indígenas despedazados por los perros bravos? ¿Y de los descuartizados por cuatro caballos que jalaban piernas y brazos? ¡Sí! ella había sido obligada a presenciar todo ¡todo! pues era la lengua. Por eso estuvo presente en aquel banquete que ofrecieron a su señor algunos guerreros principales, quienes lo habían recibido de paz, confiando en la honradez de Cortés ¡más cuán ilusos habían sido, ya que su amo ordenó fueran apuñalados por la espalda, ¡matándolos a todos!

Cruel destino el suyo, al presenciar infinitos martirios, ignominias sin tasa, perversidades nefastas; pero lo que jamás podría olvidar era el momento en que llegó frente al emperador de Tenochtitlan, del que tanto oyera hablar. Ese día, Moctezuma Xocoyotzin, el gran guerrero y sacerdote, estaba frente a su trono de oro ¡cómo le impresionó su majestuosa grandeza, su serenidad, lo negro de sus pupilas; pero a pesar de su estupor, su voz no tembló al preguntarle:

—¿Tú eres Moctezuma?

—Soy yo.

Y en ese instante un temblor inadvertido la estremeció, al contemplar la felonía de su amo, ya que permitió que Alvarado, arrodillándose frente al hombre sereno, y ante el estupor de todos, le clavara los pies en el suelo, y brutalmente lo encadenara, mientras su señor le arrancaba brutalmente todos los collares y adornos de oro.

Cuando supo que había muerto por garrote y acuchillado su cuerpo, hasta llegar a atravesar con una lanza su sexo, sintió profunda tristeza. El emperador de México la había fascinado con su cuerpo sano y limpio, con su voz serena, y sobre todo, con esa mirada de obsidiana que se clavara en ella como en mudo reproche.

Después ¡oh, después el fuerte y varonil Cuitlahuac! Ella había presenciado la despedida de los dos hermanos; ella había escuchado sus últimas palabras, sorprendiendo en las pupilas de ambos, lo que se dijeron sin que sus labios se movieran. Luego Cuauhtémoc ¡Oh! y sin querer suspiró ¡Qué joven, qué aguerrido, qué valiente! Y admirándolo mucho llegó a pensar cómo habría sido su vida si el destino le hubiera dado por esposo a un joven como ese. Y luego el sacrificio del fuego, traduciendo las palabras que él dijera cuando sus carnes ardían: "¿Acaso estoy en un lecho de rosas?"

Después las preguntas hechas por Cortés al valiente meshica, y las respuestas serenas, sin temblor en la voz, dichas con valentía ¡Oh, qué daría por borrar de su mente aquella noche en que lo condujeron al árbol, donde más tarde pendería como una rama rota por el vendaval! En sus oídos aún resonaban aquellas palabras: " ¡Oh Malinche. Días ha yo que tenía entendido que esta muerte me habías de dar, y había conocido tus palabras; ¡porque me matas sin justicia!"

Malitzin quedó pensativa. Aún parecía que de las sombras del pasado surgía la voz del padre Díaz murmurando la oración para la hora de la muerte. " ¡Misericordia Jesús! ¡Misericordia te pido Señor para estas almas que del mundo parten ya!" Y luego la voz del joven rey en desgracia, que elevaba su ruego no al Dios cruel de los extranjeros, sino a los dioses suyos que también habían sido de ella. "A icnapillot ma tumanihui manihuac titoteitl" (¡Extiende tu compasión, estoy a tu lado, tú eres mi Dios!)

¡Cuánta infamia! ¡Cuánta crueldad! acabó por pronunciar. Y seguían resonando en sus oídos los gritos desesperados de los atormentados y de los ajusticiados. Llegaban en tropel las palabras dichas en náhuatl, palabras sabias, sencillas, de sentimientos diáfanos, palabras de rebeldía. Y ella tuvo que oír todo, enterarse de todo, traducir todo, sin poder desvirtuar su contenido, su significado, sin aminorar la desesperanza; porque allí estaban detrás de ella los otros que entendían y que por envidia la hubieran descubierto ¡y qué le esperaba! ¡La muerte! pero no la muerte apresurada que ahorra dolores ¡no! tal vez su amo, por traicionarlo, inventaría nuevos tormentos, nuevas crueldades, que su mente ávida de sangre, crearía para ella.

Marina de Jaramillo dejó vagar su mirada en torno de los muebles de olorosas maderas; muebles pesados, suntuosos, fríos. Quería nutrir su conciencia de motivos que la obligaran a pensar en ese juicio en que pedían declarara lo mucho que ella sabía, porque nadie como ella había vivido pegada a Cortés y nadie como ella conocía los instintos criminales y el sádico proceder del padre de su hijo ¿Podría negarse a ello? ¿Por qué? ¿Acaso no había sido una de sus víctimas? ¿Acaso no siempre la había humillado, despreciado y esclavizado? Y pensando en todo aquello que diría cuando la llamaran, toda la podredumbre que descubriría del gran capitán ambicioso y sin entrañas, porque eso era ese gran señor, que ella siempre temió, ¿hablaría en el juicio sobre su victimario llegando así en sus recuerdos a las escenas presenciadas: la desesperación y terror sufridos cuando eran violadas por Cortés y sus secuaces tantas mujeres indígenas? ¡Cuántos gritos! ¡Cuántos desesperados esfuerzos por defenderse de sus violadores! Sin fuerzas rechazaban al hombre que no era de su raza, hombres sucios, salvajes, que más que hombres parecían fieras en brama.

Malitzin quedó otra vez pensativa. Aquellas mujeres no habían sido educadas para esclavas, pues eran hijas, esposas, madres que tenían familia, tenían apoyo. En cambio ella, sin ningún lazo familiar que la atara, que la defendiera, había sido obsequiada a un hombre, y tras ese a otro que la quiso mucho; pero que Cortés alejó para siempre de ella. Después ¿para qué recordar?

Ella no era la única víctima del conquistador; allí estaban sus once hijos reconocidos, y los otros regados a lo largo de sus recorridos, ¿quién los reconocía y tomaba en cuenta? Los legales eran seis tenidos en doña Juana de Zúñiga, su segunda esposa; un Luis cuya madre era Antonia de Hermosillo; Catalina, hija de Leonor Pizarro, que cuando su hija contaba cinco años de edad la obligó Cortés a casarse con Juan Sedeño, mozo de estribo, al que obsequió grandes terrenos en el pueblo de Chinatla, además de darle caballos y yeguas.

Leonor Cortés, nacida de la violación de Miahuaxóchitl, hija de Moctezuma Xocoyotzin, esposa de Cuitláhuac y Cuauhtémoc, quien nunca la quiso. Además Martín su hijo, venido al mundo sin su deseo. Y las princesas hermanas de padre de la princesa Miahuaxóchitl, una llamada Ana y la otra Inés, a quienes violara el conquistador y estando embarazadas las asesinó.

Los esposos Juan de Mansilla, Antonio Serrano de Cardozo, Gonzalo Mejía, y muchos, muchos como ellos, alegaban que Cortés "los alejaba de sus mujeres, nombrándoles servicios indebidos, para poseer a sus mujeres con su proverbial bajeza."

¿Y quién podía ennumerar a las jóvenes indígenas ultrajadas por su señor? ¿quién? Ni ella misma podría decirlo, a pesar de que no pocas veces escuchara los gritos de terror de las víctimas. Tantos y tantos fueron los crímenes, robos, ultrajes, atracos y violaciones perpetrados por Cortés, que bien sabía ella que Carlos V ordenaría a Cortés indemnizarlas a todas, las viudas, madres e hijas de los funcionarios meshicas asesinados en Tepeaca, Texcoco, Cholula, México y tantos y tantos lugares. ¿Y dónde quedaba la Marcada, quien tuvo una hija de Cortés que murió y que por tal motivo Velázquez lo obligó a casarse con ella? Y pensando en todo ello, recordando todo, llegó a la triste conclusión de que el padre de su hijo fácilmente buscaba la satisfacción sexual; pero que a nadie amaba porque era incapaz de ello. Y suspirando, acabó por afirmar:

– ¡Tan gran señor, jamás me amó, y ahora que ya no le soy útil, no sería difícil que tratara de hacerme desaparecer!

Acaso ignoró que el médico de cabecera de él, el llamado Cristóbal de Ojeda, "asentara cosas espantosas, explicando que por temor se veía obligado a dar fe de muertes naturales, constándole que su sanguinario jefe había aplicado veneno o hecho comer "torresmos flamencos", como en el caso del gobernador Francisco de Garay y del juez de residencia Luis Ponce de León".

Esa noche, en la oscuridad de su alcoba y en soledad, tomó la decisión de que si le pedían declarar en contra de su amo ¿por qué no hacerlo? ¿Acaso no era la única que sabía los secretos y los crímenes crueles y sádicos, robos, atracos, ultrajes y violaciones de su señor? Al final de ese día, sintióse libre de aprensiones, y fluir por sus venas la sangre de su raza, y olvidándose del extranjero decidió que hablaría, diría todo lo que sabía, dejando al descubierto la verdad. Sí, nadie como ella conocía la verdad de lo que llamaban gloriosa conquista y que sólo había sido una serie de traiciones e iniquidades. Además el triunfo no se debió a su señor, correspondía a los generales totonacas y tlaxcaltecas, que procedían de las escuelas superiores donde se cursaban ciencias administrativas, militares, teogónicas, astronómicas, sociales, entre otras muchas ramas de la ciencia, que eran conocedores de todo el territorio y grandes estrategas. Ellos fueron los guiadores. Y ella había sido el lazo de unión entre los pueblos de la tierra mancillada y los llegados de muy lejos, de más allá del mar.

¿Y cuál había sido la recompensa? ¡La ingratitud! Cortés, a pesar de saber que una de las causas de su triunfo era ella, "la lengua", engreído la despreció como mujer, la ignoró como colaboradora eficaz y necesaria, nombrándola solo una india, ni aún tomándola en cuenta como madre de su hijo. ¡Ella no olvidaba!

Malitzin cerró los párpados como si quisiera evitar mirar un fantasma, que tal vez la maldijera creyéndola traidora a su raza. Pero ¡no! ¡no! ella no era eso. Ella sólo había sido un "objeto" sin alma en manos de su cruel amo, a ella no le fue permitido tener alma propia, la habían convertido en un ser vacío, sin más voluntad que la de Cortés. Su amargo destino le marcó la senda de obedecer, obedecer, y cuando ya no la necesitó su señor, la arrojó a un lado como trasto viejo. Y a pesar de tanta infamia, de tanta ingratitud, ella era una mujer sensible, no una bestia.

Y todos esos horrores revividos quedaron truncos por la voz lejana de una campana que anunciaba la llegada del nuevo día.

Cuando Juan Jaramillo supo que Marina había sido citada como testigo en el Juicio de Residencia de Cortés, se indignó. Y encendido de coraje, sin pérdida de tiempo, se dirigió a buscar a Malitzin prohibiéndole que se presentara en la Audiencia. ¡Y claro que no iría! Su esposa siempre había sido sumisa, obediente y resignada. Así que no habría ninguna dificultad para que lo obedeciera ciegamente, negándose a declarar.

Pero Jaramillo no contaba con que Malitzin había cambiado mucho desde que Cortés y él le habían arrebatado felonamente a su hijo. Desde ese instante, se sentía como fiera herida y, por lo tanto, fuerte y dueña de su vida. ¡Ya no existía para ella el amo cruel y egoísta! ¡Ya no le espantaban los gritos ni los insultos del hombre que fingía ser su esposo y que gracias a ella se creía un noble español! ¡No! ¡Eso se había acabado!

En esos instantes, frente a su segundo verdugo, se sintió con fuerzas hasta para odiar. Sin más, Jaramillo le ordenó a la mujer que quietamente revisaba el huipilli y el cuyetl que acababan de entregarle:

--No iréis a declarar ¡No saldréis de casa! ¡Estaréis vigilada, por que no permito que declaréis!

— ¡Iré!

El asombro de Jaramillo fue devastador. ¿Cómo se atrevía esa india a retarlo? El era el señor de la casa, un capitán de prestigio, además de un hombre influyente y rico.

– ¡No iréis! exigió.

– ¡Iré!

–Ni lo intentéis, señora, porque yo sabré cómo impedirlo.

– ¡Iré!

Furioso por la terquedad de su mujer, casi le gritó:

–¿Quién os va a escuchar? ¡Quién creéis que sóis?

– ¡Una india!

–Me agrada que lo reconozcáis, porque no valéis nada ¡nada! ¿Quién os va a tomar en cuenta?

–Me oirán.

–¿Olvidáis que vos, señora, no sóis mas que una barragana arrojada a la calle?

– ¡Ire! ¡Iré!

– ¡Estáis loca! –y una sonora carcajada llenó de ecos la casona.

Al oírla, colérica Malitzin gritó:

– ¡Claro que me oirán! Y diré lo que yo solo sé. ¡Hablaré con verdad!

Por toda contestación Malitzin recibió furioso golpe en la cara que le hizo caer, y aún oyó la voz de Jaramillo a distancia, vociferando:

– ¡Ya veremos si váis! ¡Ya veremos!

Malitzin quedó anonadada.

¿Por qué esa furia de Jaramillo si ella hacía mucho había descubierto que aunque demostrara aprecio a Corteś, lo odiaba? Sí, lo odiaba, tanto como a ella y a su hijo Martín; pero en cambio aceptaba sin repugnancia los favores y las riquezas del conquistador.

Y allí no acabó todo. Por la noche volvió el dueño de la casa, oliendo a vino y rojo de rabia. Trastrabillando se dirigió al cuarto de su hija donde sabía que estaría Malitzin, que la arropaba pues acababa de dormirse.

– ¡Marina! –gritó en el umbral de la puerta.

—No gritéis que váis a despertar a nuestra hija.

—¿Mi hija? Mal rayo os parta, porque gracias a vos es una despreciable mestiza.

—¿Olvidáis que vos le distéis la vida? Yo nunca lo desee.

—Maldito el momento en que sentí deseo de vuestra carne; porque bien sabéis que os desprecio.

—Culpa vuestra fue.

—De la que me arrepiento mil veces.

Malitzin guardó silencio para después decir despreciativa:

—Idos a dormir, estáis borracho.

—No tanto, gran señora, no tanto, para no poder ordenaros que no intentéis salir de la casa; porque si me desobedecéis soy capaz de azotaros.

—Como a vuestros caballos.

—Más que a mis caballos, porque ellos valen más que vos.

—¿A pesar de que todo lo que poseéis es mío?

—¿Os atrevéis a decirme eso a mí?

—¿Acaso no son bienes dados a mí por Cortés?

—Estáis soñando, señora. Vos no tenéis nada ¡nada! ¡Lo oís? ¡Todo es mío!

—¡Por eso os lo emborracháis!

—No estoy borracho; sólo vengo a deciros, india despreciable, que si abrís la boca para poner en la picota la honra de don Hernando, soy capaz de mataros. ¿Lo oís? ¡De mataros! ¡No lo olvidéis! Y trastrabillando dejó la estancia.

En la capital de la Nueva España reinaban las sombras, y en la casa de los Jaramillo todo era quietud. Sus moradores se habían recogido desde temprano, y a esas altas horas de la noche, amos y sirvientes parecían dormir plácidamente, sólo quedaban en vela los guardianes que dormitaban junto al portón. Antes de que la noche cerrara y antes de que la señora de la casa buscara la tibieza de su lecho, Malitzin había tenido una conversación en náhuatl con una indígena llamada Xúchil, quien le ayudaba hacía tiempo en el manejo de la casa.

Xúchil era una mujer ya entrada en años que sentía verdadera devoción por su dueña que habiéndola comprado no le daba trato de esclava. Tal vez porque ambas mujeres se comprendían, no pocas veces la dueña de la casa la buscaba para conversar en idioma náhuatl, máxime que hacía tiempo había desaparecido Ahuactli. Esa noche del 23 de enero de 1524, la señora ordenó que sirvieran sus alimentos a don Juan, sin que ella hiciera acto de presencia en el gran comedor, ya que desde la última discusión, los esposos no se veían ni se hablaban.

Xúchil acompañaba a su señora, ayudándola a desenredar un ovillo de hilos multicolores, y al recordar que estaba próxima la fecha de la citación, imprevistamente dijo a su ama:

– ¡Amita, no vayáis a la Audiencia!

Malitzin, asombrada de aquella petición, miró fijamente a la india, como queriendo sorprender en sus ojos el porqué de esa voz tan angustiada, para luego asegurar:

– ¡Iré, Xúchil, iré!

– ¡No vayáis, es peligroso!

–¿Peligroso? No veo por qué. Ellos me llaman. No podían olvidarse de mí; porque nadie vivió tan pegada a Cortés como yo.

–Os pueden hacer daño, mi señora.

–¿Quién? No temas nada. Nadie sabe lo que yo. Ten la seguridad, Xúchil, de que diré con verdad muchas cosas, le duela a quien le duela. Por primera vez me siento libre de opresiones. Soy una mujer nueva, y por ello nada ocultaré. Hablaré, ¡claro que hablaré! y todos oirán mi voz.

Y más tarde, en la estancia en penumbra, cuando parecía escucharse aún el eco de la voz exaltada de Malitzin, la silueta de un hombre armado de filoso puñal se proyectó en la sombra, acercándose con paso felino a la cama donde dormía. Sus movimientos fueron violentos ¡Ni un grito! ¡Ni un sollozo! ¡Nada! El silencio más profundo volvió a reinar.

¿Quién era ese hombre? Han pasado siglos y el enigma aún persiste. El fatídico verdugo pudo ser un enviado de Cortés, que al conocer la orden de presentarse como testigo Malitzin en el Juicio de Residencia en su contra, y considerándola muy peligrosa, trató a distancia de impedirlo. También cabe pensar que pudo ser el licenciado Juan Arellano el que pagara la mano asesina, ya que como primo y apoderado del extremeño, debió temer que las declaraciones de la colaboradora del capitán pesaran mucho en el ánimo de los oidores. ¿Y acaso no pudieron ser los amigos de Cortés, que agradecidos por los favores recibidos, buscaran una mano mercenaria que quitara la vida a la lengua de la conquista? El asesinato de la joven mujer pudo ser también resultado de las discusiones y graves reproches de Jaramillo, al enterarse de la firme resolución de presentarse a declarar, externando toda la verdad de la conquista tanto tiempo guardada en su pecho, a pesar de la terminante oposición de él.

Además hay otro detalle que hace muy sospechoso al alferez Juan Jaramillo; y es que, no por agradecimiento, sino por avaricia, deseando ser dueño de todos los bienes de Malitzin, y aprovechándose de las circunstancias adversas que la rodeaban, él mismo ejecutara su muerte o permitiera que manos extrañas liquidaran a la bella indígena. Surge otra incógnita: ¿Cómo pudo entrar el asesino en una casa tan bien custodiada?

Si fue un extraño, tuvo a alguien dentro de la casa como cómplice, y es muy factible que fuera el propio dueño, ya fuera porque se lo pidiera Cortés, Arellano o los amigos del conquistador, o por propia iniciativa, y eso hace pensar que el crimen no lo realizaron manos extrañas, sino las crueles y ambiciosas de Juan Jaramillo.

El Juicio de Residencia empezaría el 29 de enero de 1529, y Malitzin fue muerta de trece puñaladas por un desconocido, al amanecer del 24 de enero de 1529. El Acta de Defunción, una de las primeras del antiguo archivo de San Francisco, localizada por el historiador doctor Ignacio Romerovargas Yturbide, dice: "Obit 25 de enero de 520 y 9. Hoy fue sepultada en esta casa de San Francisco, Marina de Jaramillo, grande amiga de los conquistadores de esta tierra, que murió tristemente apuñalada por manos misteriosas.–Pedro de Gante."

Tras el nefasto crimen, sobrevino el apresurado amortajamiento en caja sellada y el acelerado entierro. El elegante féretro fue llevado al Convento de San Francisco, tocándole a Fray Pedro de Gante oficiar los servicios de difuntos, y terminadas las honras fúnebres, fue enterrada en el cementerio de dicho Convento, en lo que hoy es calle de Gante.

En el año de 1947, existía en el Callejón del 57, entrando por la calle de Donceles, a mano izquierda y a mitad de la calle, una casa de dos pisos, de aspecto colonial, pintada de verde, y junto a la puerta de entrada había una placa blanca con letras cursivas que decía: "Aquí vivieron doña Marina y su esposo Juan Jaramillo." Ese lugar fue localizado por el señor Pedro Alvarez Gascón, investigador de la Secretaría de Educación Pública.

La incuria de nuestras autoridades para rescatar de la destrucción mercenaria, monumentos que son testigos de las páginas vivientes de nuestra Historia, permitió que fuera demolida esa casa colonial en que fue asesinada aquel enero de 1529, Malinalli Tenepal, más conocida por La Malinche. Con los datos aportados en torno de la vida de esta tan incomprendida y calumniada mujer, se desmiente lo aseverado por varios escritores de que Marina de Jaramillo murió en España, siendo gran señora en la Corte, cuando jamás visitó la madre patria. Tampoco es cierto que murió en su provincia nativa al lado de los suyos.

Es más, Guillermo Presccott escribe en una nota dirigida a Lucas Alamán: "Doña Marina vivía todavía en el año de 1550, y había visto su tercera generación, como se deduce del documento siguiente que se halla en el libro de gobierno del Virrey D. Antonio de Mendoza, que dice: "Y D. Ant. de Mendoza, viserrey, hago saber a vos Juan de Arriaga, como corregidor del pueblo de Teposcula, que por parte de doña Marina, así como tutora y curandera de don Alonso de Estrada su nieto, hijo de don Luis de Saavedra difunto, me fue hecha relación que bien sabía como el dicho su nieto tiene en encomienda el pueblo de Tilantongo, y que los indios de dicho pueblo no quieren cumplir ni dar los tributos y servicios en que están tasados y son obligados, de lo que se recibe agravio y daño, y me pidió los compeliese y apremiase a que los diesen, y por lo visto lo susodicho, confiando de vos que bien y fielmente haréis lo que por mí os fuera cometido, por la presente os mando, –proveis y deis orden como los indios de dicho pueblo lo cumplan. Fechado en Coyoacan a doce de abril de 1550 años.– Don Antonio de Mendoza. Por mandato de su señoría.– José Núñez Rico."

Tal documento se refiere a otra Marina, ya que había en la Nueva España muchas mujeres con ese nombre. El Doctor Romerovargas Yturbide en sus investigaciones sobre Malitzin, encontró en las Actas de Cabildo, que se hablaba de unos terrenos de la Venta –Desierto de los Leones– propiedad de doña Marina, y después de arduas investigaciones descubrió que se trataba de Marina Estrada, esposa de Alonso Estrada.

Si se analiza con cuidado el documento del Virrey Mendoza, claramente se refiere a don Alonso de Estrada su nieto, lo que indica que no era Marina de Jaramillo, sino Marina de Estrada. En cambio Federico Gómez Orozco manifiesta la creencia de que doña Marina murió en el año de 1530. Pero sale sobrando hacer comentarios después de lo asentado en el Antiguo Archivo de San Francisco.

Necesario es referirse a los datos tratados anteriormente, dando una nueva versión de los hechos. El doctor Romerovargas Yturbide externó la idea de que el pequeño Martín Cortés conocido como "el Bastardo", después del asesinato de su madre, fue recogido por el licendiado Altamirano, apoderado de Cortés y además su primo, quien lo envió a España para que se reuniera con su padre.

El segundo dato es el asentado en el libro de Xuárez y Peralta, cuñado de Cortés y hermano menor de Catalina Xuárez, que odiaba al conquistador al tiempo que admiraba sus hazañas, y dice: "como es de la llegada al puerto de San Joan de Ulúa y la Veracruz con dos nuevos soldados y la india Marina, que no es la peor pieza del arnez, con la cual todos venían muy contentos y no la dejaban, los unos y los otros de venilla preguntándole muchas cosas, que ya Hernando Cortés dio en que Nayde le hablara." "Malas lenguas dijeron que de Zelos, y de esta duda le quitó el tener de ella, como tuvo, seis hijos, que fueron don Martín Cortés, Caballero de la Orden del Señor Santiago, y tres hijas, dos monjas en la Madre de Dios, Monasterio de San Lucas de Barrameda, y doña Leonor Cortés, mujer que fue de Martín Tolosa".

Tal aseveración es totalmente falsa, Malitzin sólo tuvo un hijo de Cortés: Martín Cortés, el Bastardo. No tuvo ninguno antes con

Grijalva ni con Portocarrero, y después, ya casada con Juan Jaramillo, tuvo una hija llamada María Jaramillo. Su hijo Martín, nació como consecuencia de que ella fue siempre juguete del conquistador, de quien desde su juventud se decía: "Cortés fue desde sus primeros años enfermizo, raquítico, después bullicioso, altivo, amigo de las cartas y mujeriego."

Por lo tanto es inconcebible que sintiéndose dueño absoluto de Malitzin, hubiera permitido a la madre de su hijo, amoríos, máxime que siempre la tuvo bajo vigilancia. Las tres hijas de que se habla anteriormente, no existieron en la vida de Malitzin, y Leonor Cortés fue hija de Miahuaxóchitl, hija de Moctezuma Xocoyotzin, violada por Cortés.

DATOS COMPLEMENTARIOS

En la vida de Malinalli Tenepal, aparte de Hernán Cortés, hubo cuatro seres que desempeñaron papel decisivo en su tormentosa vida. Ellos fueron: Martín Cortés, el Bastardo, María Jaramillo, Juan Jaramillo y Juan Pérez Arteaga.

MARTÍN CORTÉS, EL BASTARDO

Fue hijo de Malitzin, el único varón que tuvo. Nació a principios de 1525, en un lugar no identificado camino de las Hibueras. Cuando Cortés casó sorpresivamente a Malitzin, que tenía ya varios meses de embarazo, en Huilnapan, pueblo cercano a Orizaba, en el año de 1524, con el capitán Juan Jaramillo "estando borracho", sufrió la joven india, una terrible decepción, pues el hijo que esperaba era de Cortés.

El niño nació en los primeros meses de 1525, bautizándolo Cortés con el nombre de Martín, como su padre. Al regresar el matrimonio Jaramillo de la desastrosa expedición de las Hibueras en el año de 1526, se establecieron en una casona construida en un lote situado frente a la iglesia de Jesús María, en donde el pequeño Martín vivió al lado de su madre, aunque el padrastro no lo quería y sólo lo soportaba por las grandes dádivas de Cortés. Ante esa actitud que Cortés no ignoraba, antes de dejar la Nueva España para ir a la Madre Patria, resolvió quitar su hijo a Malitzin robándoselo de acuerdo con el licenciado Arellano y Jaramillo. Año de 1528.

No se ha podido descubrir a quién confió Cortés en España la custodia de Martín el Bastardo, sabiéndose sólo que al cumplir cinco años, recibió el hábito de Santiago. Años más tarde fue paje de Felipe II, antes de ser este rey. Siendo joven sirvió en las Armas en Argel; por cierto que hay un episodio relacionado con su padre: Hernán Cortés iba en la expedición de Argel acompañado de sus dos hijos: Martín el Bastardo, hijo de Malitzin, y el marqués, hijo de Juana Zúñiga, hija del Conde de Aguilar. Padre e hijos habían embarcado en el galeón Esperanza, llevando consigo don Hernando aquellas valiosas esmeraldas robadas al tesoro de Moctezuma, magistralmente labradas, una tallada en forma de rosa, la segunda como un cuerno de caza, la tercera como un pescado con ojos de oro, la cuarta como una campanilla teniendo de badajo una gran perla de incomparable oriente que el conquistador mandó montar en oro y poner en su armadura con la divisa: "Bendito Dios que te creó". La quinta era una copa a la que en España le hizo añadir un pie de oro y recubrió los bordes con un filete del mismo metal.

La emperatriz Isabel, esposa de Carlos V, deseó poseer ese tesoro de los dioses, y pidió a Cortés que se lo vendiera en el precio que quisiera, además de darle disfrutes en las tierras recién conquistadas, mas Cortés se negó a venderlas ocasionando el disgusto de la real pareja. Esas preciosas joyas eran las que llevaba Cortés en el galeón, además de otras, pues decía que eran amuletos infalibles, además de que cubrirían el rescate si su mala suerte le hacía caer en manos de los corsarios berberiscos.

Y sucedió que en unos escollos qúedó muy mal averiado el "Esperanza", y ante el inminente hundimiento del galeón, Cortés guardó en un pañuelo todo el oro que tenía junto con las cinco maravillosas esmeraldas, sujetándoselo al cuello, y al arrojarse al agua junto con sus hijos, tratando de llegar a nado a tierra firme, el pañuelo se desprendió y se fue al fondo del mar.

Después de la desastrosa expedición a Argel en 1541, Martín, el Bastardo sirvió a Carlos V en todas las jornadas de Alemania, Piamonte y Lombardía, así como en la toma de San Quintín.

A la edad de 62 años murió Hernán Cortés en Castilleja de la Cuesta, cerca de Sevilla, al otro lado del Guadalquivir, el dos de diciembre; murió olvidado de los reyes, olvidados sus servicios, eclipsado su nombre, mermados sus bienes. Fue hasta el año de 1563 cuando el marqués de Oaxaca, hijo de Hernán Cortés, buen mozo, fogueado en recias batallas, deseó volver a México, donde nació y pasó su primera infancia.

Regresó casado con doña Ana Ramírez de Arellano, acompañado de sus dos medios hermanos: Martín Cortés, el Bastardo, hijo de Malitzin y Luis Cortés Hermosillo, hijo de doña Elvira de Hermosillo, natural de Trujillo, España. Instalóse en la casa palacio de su padre —Monte de Piedad—, lo que causó gran inquietud al virrey don Luis de Velasco, y como disponía de bienes y vivía con lujo, no tardaron las murmuraciones envidiosas, máxime que el marqués se había rodeado de los valientes hermanos Gil, Gómez de Victoria, Pedro y Baltasar de Quesada, y naturalmente de sus hermanos Martín, el Bastardo y Luis, Caballero de Santiago. El marqués de Oaxaca y sus partidarios pensaron implantar un reino independiente, derrocando al régimen virreinal dependiente de Madrid y Toledo. "El plan era fulminante y enérgico: apoderarse del palacio y matar a los oidores de la Audiencia, a los hijos del virrey y a cuantos se opusieran; llevarían al poder al marqués del Valle y proclamaríanlo Rey de la Nueva España, con el compromiso de devolver a sus dueños las tierras decomisadas, establecería la nobleza nacional, y haría otras concesiones en la capital y en las provincias a las que se extendiera la lucha. ¡Fue el primer anhelo de Independencia de México!

El 16 de julio de 1566 fue descubierto el complot. Con lujo de fuerza aprehendieron al marqués, a sus hermanos, y a todos sus seguidores, quienes por no ser de la sangre de Cortés, fueron ajusticiados. El marqués de Oaxaca fue respetado; pero en cambio sus medios hermanos fueron apresados, y a pesar de que el virrey Marqués de Falcón los dejó sin acción penal, en noviembre de 1567 se reanudó el proceso en su contra y no habiendo confesado Martín, el Bastardo ningún delito de rebelión, fue sometido en enero 8 de 1568 al tormento de cordeles y agua, y dos días después fue sentenciado a destierro perpetuo de las Indias bajo pena de muerte de no cumplirla.

Apeló contra la sentencia, y el 26 del mismo mes se le condenó a destierro, a cinco leguas de la Corte de España y multa de quinientos ducados. Después de estos acontecimientos se sabe que entró como criado en la casa de la reina Catalina esposa de Felipe II; más, tarde, en 1595, se le encuentra cerca de don Juan de Austria, como capitán y cabo de un tercio en la guerra de Granada, donde murió.

Martín Cortés, el Bastardo tuvo un hijo fuera de matrimonio llamado Hernando Cortés como su abuelo.

MARÍA JARAMILLO MALITZIN

Se supone que nació en los primeros meses de 1527, en la capital de la Nueva España, tiempo después del regreso de sus padres del desastroso viaje a las Hibueras. Apenas tenía escasos dos años, cuando fue asesinada su madre, la famosa Malitzin. No se sabe si la huérfana fue criada por su nana o aya de origen español, al lado de su padre.

De su niñez y juventud poco se sabe, sólo se vuelve a tener noticia de ella cuando en una probanza, la hija demandó al padre, porque injustamente y por avaricia robó a la hija todos los bienes dejados a ella por su madre, la célebre Malitzin, Marina de Jaramillo. Juan Jaramillo había casado en segundas nupcias con la española Beatriz de Andrade.

La probanza fue presentada en 1542 o años después, suponiéndose que María Jaramillo tenía varios años de casada con Luis de Quesada, pues ambos reclamaban la posesión de los pueblos que les había quitado Juan Jaramillo para dárselos a la nueva esposa, contra todo derecho, "pues las cédulas de sucesión en las encomiendas ordenaban que éstas se habían de heredar por los hijos de aquellos a quien habían sido concedidas. Luis Quesada enumeró en su defensa todos los servicios que había prestado doña

Marina, exponiendo que "para el buen suceso de esta conquista, e si la dicha doña Marina no fuera, así el Marqués del Valle, como todos los otros capitanes e españoles que se fallaron en aquella Xornada, padecieran mucho".

En el tiempo de la probanza aun vivían muchos testigos jurados y oculares, todos viejos conquistadores que podían haberse esforzado por agradecer a Malitzin el ser la causa directa de sus riquezas. Pero tal vez por ser María hija de una indígena y ella una mestiza, todos callaron. No se sabe si regresaron los bienes de Malitzin a su hija; pero lo más seguro es que no. La probanza presentada por el esposo de la hija de Malitzin nos revela a un Juan Jaramillo egoísta, avaro, cruel, que ante su desmedida ambición desconoce hasta su propia hija. ¿Qué padre desposee a su hija de lo que le pertenece por ley? ¿Podía quererla? ¡Claro que no! Como nunca quiso a Malitzin, y si vivió con ella bajo el mismo techo, fue por disfrutar de los bienes dados a ella por Cortés. Este deshonesto acto cometido en su hija, nos hace pensar, que por ambición él fue el asesino de la famosa "lengua". ¡Cuán triste fue el destino de Malinalli Tenepal!

Justo es pensar que con la ingratitud más increíble pagaron el rey de España y Hernán Cortés los beneficios en abundancia que ambos recibieran de Malinalli Tenepal. El rey de España no hubiera adquirido tantos dominios y riquezas sin esa extraordinaria mujer; sin embargo, jamás le otorgó ningún título en recompensa a su valiosa colaboración. Y Hernando Cortés, de quien fue la valiosa "lengua", además de su manceba, jamás reconoció su valiosa ayuda que tanta gloria le diera, y llegó a tanta su ingratitud, que se avergonzó de estampar su nombre en las falsas como famosas "Cartas de Relación", que escribió a Carlos V informándole que una india "casó con Xuan Xaramillo dándole en dote los pueblos de Olutla y Tetiquipaje en la provincia de Coatzacoalco". Después dio a Malinalli el pueblo de Jilotepec, en México, los solares de Jesús María y Medinas, las huertas de Moctezuma en Chapultepec y un terreno en San Cosme. ¡Pocos bienes para quien tanto oro y riqueza diera!

JUAN JARAMILLO (XUAN XARAMILLO)

Juan Jaramillo nació en Villanueva de Bancarrada, otros autores señalan Salvatierra. Fue hijo de Alonso Xaramillo y Mencia de Matos. Estuvo en la conquista de tierra firme y de la Española. Llegó a México acompañando a Hernán Cortés y se le nombra en los relatos de la conquista comò un capitán valiente.

Ya se habla de él, en 1519, pues estuvo presente en la primera misa celebrada en tierras de Anáhuac; misa cantada por Fray Bartolomé de Olmedo "que era un gran cantor". Ya en la conquista, junto con el alférez Arrol, Pedro de Ircio y Bernal Díaz del Castillo, descubrieron a Guaxtepeque, encontrando huertas, que según el tesorero Alderete y el fraile fray Pedro de Melgarejo "nunca habían visto algo tan hermoso en España".

Se sabe que uno de los 13 bergantines botados a la laguna para poner sitio a la ciudad de Tenochtitlan, fue encomendado a él como capitán. En el viaje a las Hibueras va acompañando a Cortés, quien después de embriagarlo, sorpresivamente lo casa con Malitzin, quien esperaba un hijo de Cortés. Eso sucedió el 20 de octubre de 1524, en el pueblo de Huiluapan, cercano a Orizaba, ante testigos.

Bernal Díaz del Castillo, en su Historia Verdadera de la Conquista de la Nueva España, dice: "En un pueblo de Ojeda el Tuerto, que es cerca de otro pueblo que se dice Orizaba, se casó Juan Jaramillo con doña Marina la "lengua" delante de testigos", dándole como dote los pueblos de Olutla y Tetiquipaje en provincia de Coatzacoalco".

En este viaje nació el hijo de Malitzin y Cortés, dándole el padre el nombre de Martín, en recuerdo de su padre, convirtiéndose por tal suceso Juan Jaramillo en padrastro del niño. Cuando en el camino a las Hibueras llegaron a Zinacanteneitle, tierra de grandes cacahuatales, maizales y algodonales, se habla de la "lengua" que iba al lado de Cortés y Jaramillo. En 1526, regresan a la ciudad de México, estableciéndose el matrimonio en una casa construida en un solar frente a la iglesia de Jesús María.

Jaramillo llega a pacificador de Tepeacan, Izúcar, Pánuco y otros pueblos, por lo que es nombrado regidor, alférez real y alcalde ordinario. Siempre Malitzin y Jaramillo recibieron protección de Cortés, quien además de los pueblos dados a Malitzin como dote, escrituró la encomienda de Jilotepec, las huertas de Chapultepec y San Cosme. En 1528, asesinan a Malitzin, suponiéndose que Jaramillo lo hizo personalmente por ambición, o permitió que manos mercenarias lo hicieran por paga.

En 1538, el 20 de junio, Carlos V y la reina doña Juana le concedieron el privilegio de estas armas: "Un águila rampante, de sable sobre aguas de mar azul y plata en campo de oro. Divisa y yelmo cerrado."

El 20 de mayo de 1539 se vuelven a tener noticias de Juan Jaramillo. En la probanza de Méritos y servicios de Bernal Díaz del Castillo, elevada a la justicia, encontramos al final de las declaraciones de los testigos que "firman la probanza el susodicho Juan Jaramillo y yo Juan de Zaragoza, escribano de su majestad y escribano público."

Entre los años 1542 a 1552 casó con una española llamada Beatriz de Andrade. En ese mismo lapso Jaramillo comete una felonía increíble: roba a su propia hija los bienes que ésta había heredado de su madre, Malitzin, para dárselos a la nueva esposa. En la probanza presentada en contra suya, consta que María Jaramillo, hija de Juan Jaramillo y doña Marina, y el marido de María, Luis de Quesada, reclaman la posesión de los pueblos que les había quitado el Juan Jaramillo, para dárselos a su segunda mujer, la mencionada Beatriz de Andrade, contra "todo derecho, pues las cédulas de sucesión en las encomiendas, ordenaban que estas se habían de heredar por los hijos de aquellos a quienes habían sido concedidas."

Volvemos a tener noticias de él, el 20 de marzo de 1559, debido a un incidente que casi llegó a motín en la capital de la Nueva España. Sucedió que un soldado no se dejó quitar su espada por un alguacil, fue encerrado y en hora y media condenado; por lo que los compañeros del soldado se alborotaron, y de tal suceso informa el virrey don Luis de Velasco al rey Felipe II: "Por estaelación entenderá V.M., que avía poco más de cien soldados en la cibdad, y menos de cincuenta en la placa é yglesya é syn otras armas más que las espadas, é ningún capitán no estaba con ellos, por que, como e dicho, Juan de Porres y Marienco heran ydos donde yo estava, vna legua de la cibdad; Ladrón de Guevara estava recogido con su gente en casa de su hermano; los demás capitanes estaban fuera de la cibdad y lejos della, haciendo la gente. Don Alonso de Castilla, hijo de don Luys de Castilla, capitán de gente de caballo, no tenía la gente hecha, y estaba a la sacon enfermo; é dizenme que se halló de parte de la justicia, en compañía de los oydores, é Xuan Xaramillo lo mismo, que tampoco tenía gente en la cibdad. De vuestra Sacra Magestad fiel cryado que los Reales pyes de V.M. vesa. Don Luys de Velasco."

La última noticia que se tiene de él, es en Cartas de Indias, en la sección de Datos Biográficos, donde dice: XARAMILLO XUAN. Capitán de la compañía formada en las Zacatecas de orden del virrey de la Nueva España, don Luis de Velasco, y destinado en

1559 a la Florida, en la expedición del general don Tristán de la Luna y Arellano."

Bernal Díaz del Castillo, en su Historia Verdadera de la Conquista de la Nueva España, dice: "Pasó un Juan Jaramillo, capitán que fue de un bergantín, cuando estábamos sobre México; fue persona prominente; murió de su muerte." ¿Fecha de su nacimiento? ¿Fecha de su muerte? ¡Nadie sabe!

Pero lo que sí se sabe es que fue un hombre ambicioso, cruel, déspota y ensoberbecido. Un hombre que nunca conoció la gratitud y que no tuvo escrúpulos en asesinar o permitir que asesinaran a su esposa, a cambio de una recompensa en oro.

Xuan Xaramillo, el orgulloso y déspota español, como la mayoría de los que vinieron con Cortés, siendo en su patria España un don nadie, logró encumbrarse llegando a ser respetado caballero con escudo de armas, gracias a la compañera impuesta por Cortés. Pero más repugnante se perfila su figura al conocer la felona acción de dejar desamparada y en la miseria a su propia hija María, cuya madre fuera Malitzin.

JUAN PEREZ ARTEAGA (JUAN MALINCHE)

No estaría completa esta historia, si no se hiciera referencia a un oscuro personaje que es clave en la trayectoria de la vida de Malinalli Tenepal, Juan Pérez Arteaga se llamaba; pero sólo era conocido por Juan Pérez Malinche o Juan Malinche.

Este hombre fue un rudo soldado que salió de Cuba acompañando a Cortés, un soldado sin ningún cargo ni importancia, como no fuera por su exagerada rudeza y la enorme devoción que tenía por el conquistador. Juan Malitzin hace su aparición al lado de Malitzin después de que llegaron los emisarios de Moctezuma Xocoyotzin a la recién fundada Villa Rica de la Vera Cruz. Ese día, Malinalli Tenepal, junto con un grupo de jóvenes indígenas, presenciaba el encuentro de los comisionados y de Cortés y sus hombres.

Entre los enviados se encontraban dos sobrinos del soberano meshica, hijos de Cuitláhuac, su medio hermano, quienes llevaban rico presente de oro, piedras preciosas y telas finas. Meshicas y españoles no se entendían y la mímica era hilarante, lo que ocasionó que Malitzin, que presenciaba la jocosa escena, soltara su risa cantarina para después, cuando la comitiva se alejó mortificada por el fracaso, al pasar cerca de ella les habló en náhuatl, contestando ellos en el mismo lenguaje.

¿Qué fue lo que ella les dijo? ¿Qué fue lo que ellos le contestaron? ¡Jamás se sabrá! Pero lo que sí se sabe es que alguien llevó la noticia a Cortés, quien mandó llamar al instante a la joven amante de don Hernando Portocarrero, primo del conde de Medellín y sobrino del conde de Palmas.

Cortés comprendió que la bella indígena era su más valiosa adquisición, ya que Malinalli dominaba el maya, el castellano, el náhuatl y otros dialectos, convirtiéndose en la primera polígota del Anáhuac.

La presencia de esta mujer al lado de Cortés tuvo que molestar a don Hernando Portocarrero y a Jerónimo de Aguilar, al uno porque era su amante desde hacía tiempo; al otro porque hasta la llegada a Veracruz él era la única "lengua" con que se contaba, la que dominaba el maya y el castellano, por lo tanto sus servicios se hicieron innecesarios después de que llegaron a tierras náhuas.

Cortés, suspicaz e inteligente, al instante lo intuyó y considerando un obstáculo a Portocarrero, en sus noches de insomnio debió buscar la solución. ¡Los servicios de la nueva "lengua" deberían ser absolutamente secretos!

Como siempre el destino favoreció al capitán extremeño, pues llegó en su ayuda el siguiente hecho: "Fondeó en Bernal una nave mandaba por Francisco Salcedo, en la cual llegaban sesenta soldados y diez caballos, además de traer la noticia de que Velázquez había sido nombrado adelantado con facultad de rescatar y poblar en las tierras que descubriese."

Volvía a ponerse en peligro la autoridad de Cortés y a encontrar un apoyo los descontentos. Para asegurar aquella se decidió que escribieran una carta de relación al rey de España, el regimiento de la Villa y los vecinos, pidiéndole aprobara todo lo hecho, y que se le enviese de regalo todo lo adquirido. Así se hizo, nombrando Cortés Procuradores a Portocarrero y Montejo. La carta del regimiento de la Villa tiene fecha de 10 de julio de 1519. Antes de darse a la vela los procuradores, se formó un complot para apoderarse de un bergantín e ir a dar parte a Velázquez de la nao y del tesoro que llevaba; pero denunciado por Coria, Cortés, como Justicia Mayor, juzgó a los culpables: Pedro Escudero y Diego Cermeño fueron ahorcados; a Gonzalo de Umbría le cortaron los pies, y a cada uno de los hermanos Pañete le dieron doscientos azotes y el clérigo Juan Díaz fue severamente amonestado.

Estos actos de crueldad tuvo que presenciarlos Malitzin, y la reacción en sus cortos años —14— debió de ser impactante. Después de esos acontecimientos dramáticos, llegó la hora de la despedida entre la bella indígena y el apuesto español ¿Qué se dijeron? ¿Le prometió Portocarrero volver a su lado? ¡Malinalli Tenepal lloraría al presentir que jamás volvería a verlo!

¡Cortés, el implacable aventurero había ganado! ¡El audaz conquistador encontró la manera más sutil y diplomática de alejar al amante de Malitzin! Bernal Díaz del Castillo, en su Historia Verdadera de la Conquista de México, nos da referencia del primo del conde de Medellín:

"Pasó un Alonso Hernández Portocarrero, primo del conde de Medellín, Caballero prominente, y este fue a Castilla la primera vez que enviamos presentes a su majestad, y en su compañía fue don Francisco de Montejo antes de que fuese adelantado, y llevaron mucho oro en granos sacados de las minas, como joyas de diversas hechuras, el sol de oro y la luna de plata, y según pareció, el obispo de Burgos, que se decía don Juan Rodríguez de Fonseca, arzobispo de Rosaño, mandó prender a Alonso Hernández Portocarrero, porque decía al mismo obispo que quería ir a Flandes con el presente ante su majestad y porque procuraba por las cosas de Cortés, y tuvo achaque el obispo para prenderle, porque lo acusaron de que había traído a la Cuba a una mujer casada y en Castilla murió."

Pero lo que no nos dice Bernal Díaz del Castillo es que se le encarceló injustamente, ya que Fonseca era enemigo de Cortés, y tuvo pretexto para proceder así porque el procurador en persona quería ir a entregar el tesoro enviado, al mismo tiempo que deseaba obtener un apoyo decidido del rey a favor de Cortés, que no pudo conseguir según sus deseos, pues murió en la cárcel.

La suerte había favorecido al capitán extremeño, pues fácilmente quitó su amasia al sobrino del conde de Palmas. Absolutamente dueño de Malitzin, a Cortés le molestó mucho que la joven "lengua" fuera inquieta, parlanchina y pispireta, lo que le hizo comprender que era muy peligroso para él el carácter de Malitzin, por lo que ordenó que nadie le hablara ni le hiciera preguntas; mas a pesar de su terminante orden, la bulliciosa muchacha no dejaba de charlar y reír; y los hombres de Cortés no dejaban de preguntarle sobre las cosas del capitán extremeño y, sobre todo, de los acontecimientos diarios.

Ante el temor de las indiscreciones de la "lengua", decidió Cortés poner un dique a su atolondrado carácter y aquí surge una figura clave en la historia; un personaje poco conocido, pero que nos descubre un mundo insospechado de verdades. En el diabólico cerebro del capitán extremeño surgió la idea de aherrojar totalmente la vida de la bella india, y para ello escogió a Juan Pérez Arteaga, un rudo e inculto soldado que daría la vida por su capitán, quien tendría la misión de vigilar día y noche a la "lengua".

¡Y ese cruel papel fue aceptado gustoso por el subordinado del conquistador!

Juan Pérez Arteaga fue el encargado de llevarla al lado del capitán, cuando sus servicios eran requeridos, no permitiendo que antes ni después hablara con nadie; era tan severa esta vigilancia, que el rudo soldado no se separaba de la joven, sin permitirle que realizara sus necesidades más íntimas en privado.

Desde el momento en que Juan Pérez Arteaga entró en la vida de Malinalli Tenepal, la existencia de esta mujer cambió totalmente: de parlanchina se transformó en reservada y silenciosa, de risueña y alegre en seria y callada, y bajo la vigilancia de Juan Pérez Arteaga, su esclavitud fue más denigrante.

Entre Cortés y Juan Pérez Arteaga hicieron de ella una mujer sin alma, al grado de convertirla en un "robot" de aquel tiempo, porque no era dueña ni de su cuerpo ni de su alma. Ambos habían creado un ser de servidumbre, nacida sólo para obedecer. ¿Por qué llamaban a Cortés Malinche y a Juan Arteaga, Juan Malinche? Bernal Díaz del Castillo nos lo explica:

"En todos los pueblos por donde pasábamos y otros donde tenían noticias de nosotros, llamaban a Cortés Malinche. Y la causa de ponerle este nombre, es que como Marina, nuestra "lengua", estaba siempre en su compañía, especialmente cuando venían embajadores o pláticas de caciques y ella lo declaraba en la lengua mexicana, por esta causa le llamaban a Cortés, el capitán de Marina, y para más breve le llamaban Malinche, y también se le quedó este nombre a Juan Pérez de Arteaga, vecino de la Puebla, por causa de que siempre andaba con doña Marina y con Jerónimo de Aguilar, *aprendiendo la lengua* y a esta causa le llamaban Juan Pérez Malinche, que su nombre de Arteaga de obra de dos años a esta parte lo sabemos."

Esta información es valiosísima para comprender el verdadero papel de Malitzin en la conquista. Bernal Díaz del Castillo asegura que Juan Malinche siempre estaba junto a Malitzin porque deseaba aprender el náhuatl. Conociendo el carácter arbitrario y posesivo de Cortés y sabiendo que desde que convirtiera a la joven en su "lengua" ordenó que nadie hablara a la parlanchina y risueña mujer temeroso de sus indiscreciones ¿cómo pensar que iba a permitir que un rudo soldado estuviera día y noche al lado de Malinalli Tenepal?

La aseveración que hace Bernal Díaz del motivo porque Juan Malinche estaba siempre al lado de la "lengua", es irrisorio, ya que nadie ignoraba lo posesivo y autoritario que era el capitán extremeño con todos los que le rodeaban.

Juan Malinche no se separaba de Malitzin excepto cuando estaba en compañía de Cortés; por lo tanto justo es pensar que la misión impuesta a este hombre, era vigilar constantemente a la "lengua", no permitiéndole ninguna manifestación personal. Por eso la indígena vivió aislada de los conquistadores, siempre cautiva, siempre en servidumbre y obediencia.

Cuando traducía al castellano lo dicho por los señores de Anáhuác, la traducción debía de ser exacta, pues cerca de ella estaban presentes los conocedores del idioma o dialecto de los señores de esas tierras, por lo tanto ella no podía cambiar nada porque la denunciarían sus enemigos e irremisiblemente sería cruelmente torturada. Dominaba sus emociones, convirtiéndose en una magistral maestra del disimulo. Sólo a ello, a su voluntad, a sus sentimientos aherrojados, se debió su mirar insensible, su voz sin tonalidades, el control perfecto de sus reacciones, haciéndola indiferente a todo y por todo.

A pesar de las calumnias vertidas en torno de esta mujer, se obliga uno a pensar en el esfuerzo inaudito que tuvo que hacer para aniquilar su voluntad. Se le acusa de traidora a su pueblo ¿quién tan vigilada como ella, tan amenazada como ella, podía hacer algo por los suyos?

¡Jamás ella ni ninguno otro, con un Hernán Cortés decidido a todo, hubiera podido ayudar a alguien! Y menos Malinalli Tenepal que sólo era la joven esclava de un "amo" asesino, ambicioso y cruel. Una de las más graves acusaciones que se le hacen, es la de que fue ella la causa de la destrucción de Tenochtitlan. Quienes afirman tal cosa, mienten. Cortés era autoritario, no admitía se le contradijera, ni por los allegados a él; su voluntad era absoluta, ni oía ni admitía consejos. El se consideraba más que un rey; para él los crímenes más repugnantes, los más terribles vicios, las ignominiosas abyecciones y despotismos, los consideraba elementos naturales a la esencia de su ser. Luego ¿cómo pensar que muchos de sus aciertos o errores fueron influidos por la "lengua"? El papel histórico de Malitzin en la conquista sólo fue de intérprete, por lo tanto no tuvo ninguna influencia en ella.

Ahora cabe preguntar ¿qué fue de Juan Malinche? Su misión no quedó concluida allá en Ahuilalizapan –Orizaba–; cuando Cortés la casó sorpresivamente con Juan Jaramillo; pues los esposos no se llevaban bien, y Cortés seguía necesitando los servicios de la "lengua". El año de 1526 regresaron los que acompañaron a Cortés en la famosa expedición a las Hibueras, a la capital de la Nueva España, estableciéndose en la misma el matrimonio Jaramillo, obligando a Juan Malinche a separarse de su custodiada. Este se retiró a Puebla, rico, gracias al espléndido pago que Cortés le hizo por sus servicios de cancerbero.

El relato de la vida de Malinalli Tenepal ha terminado. Todo lo escrito en torno de ella está apegado a la historia, y si se empleó además de la narrativa el diálogo, fue para hacerla amena. Ojalá el esfuerzo hecho para dar a conocer la trágica vida de Malinalli Tenepal, no sea infructuoso, porque Malitzin no fue más que una infeliz, bella y joven mujer, que nunca conoció la felicidad, y sí la desgracia y la ingratitud. Porque desgracia es que los hombres de su mundo, aún al través de los siglos, la sigan estigmatizando con el injusto concepto de traidora. Y los hombres del viejo mundo la despreciaron al grado de ser ingratos en todo tiempo: Cortés, quien debió en gran parte a Malitzin su oro y su gloria, jamás permitió que tomara asiento junto a él, porque la "lengua" debía de ocupar siempre a su lado la categoría de "esclava". Y no se miente, allí están las representaciones de ese tiempo que la pintan de pie, junto al conquistador, por más largos que fueran los discursos.

Además, en las cartas de Cortés al emperador Carlos V, sólo hace alusión a ella "como una india", nunca escribió el nombre de su valiosísima colaboradora, pues ¿cómo iba a consentir que se supiera que no había sido de él todo el mérito?

Y el emperador, a quien Malitzin, con el sorprendente dominio de las lenguas del Nuevo Mundo, pudo hacer el milagro de darle un imperio más extenso y más rico que la enferma y decayente

España, no fue capaz siquiera de darle un título de nobleza, ni una carta de gratitud, y menos tener interés de saber el nombre de quien hiciera posible ofrecerle en bandeja de oro tan maravilloso tesoro.

¡Cortés y Carlos V fueron dos hombres poderosos que se olvidaron de la inteligente indígena a quien debían tanto! Pero ¿qué podía esperar Malinalli Tenepal de los hombres de aquel tiempo, si la ingratitud nació con la humanidad?

EPÍLOGO

Se ha llegado al término de Malinalli Tenepal, por lo que te pido, lector, que pienses que jamás se encontrará la lápida bajo cuya frialdad duerme una mujer calumniada injustamente por su pueblo, marcada con la candente palabra de traidora.

Ojalá este esfuerzo sirva para que seas justo y rectifiques el concepto erróneo que tenías de esta joven, como hermosa mujer que tuvo la desgracia de vivir atormentada por su propio destino, que le marcó una senda cargada de infortunio, ya que en su corta existencia 1505-1529— escasos 24 años, lapso de vida en que otros seres encuentran el amor y la felicidad, a ella le tocó presenciar los más crueles tormentos, escuchar los desgarradores ayes de los ajusticiados, los lloros de las mujeres violadas, los gritos de terror de los niños y los ancianos, y sobre todo, sufrir en carne propia las más terribles humillaciones por su amo y señor, que había aherrojado su alma y su cuerpo.

LA MALINCHE, LA GRAN CALUMNIADA en su novena edición quedó totalmente impreso y encuadernado el 17 de mayo de 1999. La labor se realizó en los talleres del Centro Cultural EDAMEX, Heriberto Frías 1104, Col. del Valle, México, D. F., 03100.